はじめに——これから社会に出る皆さんへ

若い学生の皆さんには「自分はこれができない」「これが苦手」と思っていることが、おそらくたくさんあるのではないかと思います。わたし自身が、そうでした。中学生時代のわたしは、引っ込み思案で、人見知りで、友達も少ない子どもだったのです。

そんなわたしが、国の中央の機関である厚生労働省で働きつづけ、事務次官になるまでには本当にさまざまなことがありました。事務次官というのは、大臣や副大臣のもと、各省庁での一般職員のトップに当たる役職です。

こんな風にいうと、「仕事をバリバリやってきた人」というようなイメージを持つかもしれま が、もともと引っ込み思案だったわたしが、少しずつ、苦手なことを克服できるようになっ そのきっかけの一つが、社会に出て仕事に就いたということでした。 して、職場の先輩たちに教わりながら、一つひとつ、目の前の仕事に懸命に取り組み、そ振り返ってみると、できなかったことができるようになっている自分に気づく。そんな風 がわたしを育ててくれました。

厚生労働省の仕事では「さまざまな人が働くということ」に関わり、多くの障害者の方 わってきました。近年は、地域や人種、文化や価値観など、自分とは異なる人たちと共に生きる（共生）ということ、お互いを認めあい、尊重して、協力して生きていくことが、世界的に求められています。

これからの時代を生きる皆さんに、「社会との関わりの中で成長するということ」「異なる文化や価値観を持つ人たちと共生すること」、そして、「誰もが生き生きと暮らし、働くことができる社会を実現する」ために、どんなことができるのか。わたしのこれまでの経験からお伝えしたいと思います。

村木　厚子

働くことを通して考える共生社会

目次

第一章　女性が働き、成長するということ

わたしが通っていた中学校は男の子が多く、女の子が少ない学校でした。今でも忘れられないのは、あるとき、席替えをすることになり、好きな人と隣同士に座っていいと先生に言われました。ただし「女の子は、女の子同士で座ってはダメ」というルールです。それで、翌朝、学校に来て、皆で自分の席を選んで、次の一か月間の席を決めることになりました。そのとき、わたしは本当に絶望的な気持ちになりました。

「どうすればいいんだろう、わたしは？」

「一緒に並んで座ろう」と言える相手が誰もいなかったのです。それで、一人でポツンと座っていました。いったいわたしはどうなるのだろう？　と思いながら。そうしたら本当に最後に、学級委員長の男の子がわたしの隣に座りました。

「ああ、委員長が責任を取ったのだ」とわたしは思いました（笑）。わたしは、そういう子どもだったのです。そして、それから五十年くらいが経ち、当時、わたしの隣に座ってくれた男の子が、今は、その母校の校長先生になっています。彼だったら絶対に大丈夫、本当に優しくて、よ

い先生、よい校長先生になると思っています。

その同級生は小村彰君というのですけれども、その母校の理事長から「今度、校長になるのは小村君だ。君は同級生だった小村君を手伝わなければいけないだろう？　だから理事になってくれ」と言われたときに、「これは断れない」と思いました。「そうだ、彼には本当に恩がある」と思ったからです。そして理事を引き受けて初めて、五十年経って小村君に、当時のお礼を言いました（笑）。

そんなわたしが国の中央の機関である労働省で、事務次官になるまでには本当にさまざまなことがありました。

仕事がわたしを育ててくれた

わたしは高知県の出身で、地元の大学を卒業しましたが、高知には就職先がなく、東京に出てきました。周りに誰も知っている人がいない中で、東京での独り暮らしが始まります。誰も知っている人がいないのですから、とにかく、職場の人と話をしないと誰とも話をしないことになります。それでは本当に独りぼっちだと思って、相当、意を決して周囲の人に話しかけていました。そして、とても具合がよいことに、仕事ですから別に仲が良くなくても、上司は仕事の指示をしてきますし、よその係の人は仕事を頼みにやってきます。

もう一つ、よかったのは、学校時代の周囲の皆は、わたしが人見知りだということを知っていますが、東京の職場の人たちは誰も知りません。だから、わたしがそんなに話せないということを知らずに、先入観を持たずに話しかけてきてくれました。それが、とても大きかった。

そうして、少しずつ、少しずつ、仕事を進めるために必要に迫られて、自然に、職場の人たちと、どんどん話ができるようになっていきました。そして、四十歳くらいの頃、初めて課長になった頃に、若い二十代の後輩の職員から「村木さんは折衝ごとでの交渉が上手ですね」と言われて、とてもびっくりしました。

えっ、わたしが？　そんなことを言われるなんて！　と（笑）。

それでも、振り返ってみると「ああ、仕事って、こうやって人を育てるのか。必要に迫られて、目の前の仕事に取り組んでいたら、こんなに人は進歩するものなのだ」と思うことができました。

いま学生の皆さんは、これから社会に出て仕事に就くというタイミングでは、この先に、どういうことが待ち受けているのかわからず、怖いと感じたり、緊張もすると思います。でも、わたしは職場に入って、仕事で知り合った人たちと親しくなって、いろいろなことを教えてもらい、自分自身が成長できましたから、仕事をしていく上では、大変なこともあるけれども「自分を育ててくれる場所に行くのだ」と思ってほしいなと思います。

わたしはもともと、人と話すのが下手で、要領も悪く、全体が見えず、目の前のことにいつもアップアップしていましたが、就職してから、それが少しずつ進歩していきました。この「少しずつ進歩していく」という面白さが仕事なのかもしれないと、いま振り返るとそんな気がします。

一九七八年に当時の労働省（＝現在の厚生労働省）に入って、わたしが最初に配属されたのは職業安定局・業務指導課という部署で、現在のハローワークを統括する部署でした。現在は高齢者雇用や障害者雇用、学校を卒業した皆さんの雇用など、それぞれに担当する部署がありますが、その頃は全部一つの課で担当していました。

当時はまだ、失業率もそれなりにあり、集団就職で若い人たちが就職していて、ようやく障害者や高齢者が働くということが新しい課題として出てきた頃です。高齢者の定年延長ということがやっと言われはじめた、五五歳定年の時代でした（現在は定年延長や継続雇用制度などによって希望すれば六五歳まで働くことができます。また、二〇二一年からは、七十歳までの就業機会を確保することが企業の努力義務となっています）。

当時は従業員が一定数以上の企業に対して、障害者を一定の割合で雇用することを義務付ける法定雇用率制度が動き出していましたが、義務化されていたのはまだ身体障害の人に対してだけでした。障害者雇用の「係」はありましたが、「課」ではなかった。今は「部」があります。四十年以上前のことですから、当時はまだまだ、今とは全然違っていました。

職場でも、その頃は本当に男性社会で「おいおい、今度の一年生、「女の子」が配属されちゃったよ！」と、職場の皆さんのほうに「どうする？」という戸惑いがあったようです。そんな時代でしたから、わたしが配属される前日の夜には、配属先の業務指導課で大激論が勃発。新しく入ってくるキャリアの「女の子」にお茶くみをさせるかどうか。これで課を真っ二つに割る大げんかが始まったそうです。配属当日に、係長さんから「相当戦った、がんばったけれど負けちゃったから、お茶くみしてくれ」と言われました。

その当時職場にいた、タイピストの年配の女性とわたしとで、毎朝、課の人たち全員に、お茶を入れ、お盆に湯呑みを載せて運び、一人ずつに配っていました。本当にまだ女性職員に「女の子」と、特別扱いのカギカッコがついていた時代でした。

わたしの実家は庶民的な家でしたが、わたしが中高一貫の私立校に行きたいと言うと、父が「そんなに行きたいなら、行っていいよ」と言ってくれて、希望の学校に入学することができました。ところが、中学二年生のときに父が失業し、このままこの学校に居続けるのは難しいかもしれないと思っていたところ、父が「せっかく入った学校だから何としても行かせてあげるよ」と言い、結局、わたしは春休み、夏休み、冬休みと長期の休みのときは、休みの初日から最終日まで毎日どこかでアルバイトをして、次の学期に自分が必要なお金を稼いでいました。

高校に入ってからは奨学金ももらって通いましたが、さすがに大学進学は難しいだろうとあきらめていました。しかし、その後、父が自営業で社会保険労務士を開業して、わたしが高校三年生になったときに「地元の国公立大学なら行かせてあげられるよ」と言ってくれたので、慌てて大学受験の勉強を始めました。ですから、わたしが長期の休みにアルバイトをしなかったのは高校三年生の冬だけだったのです。

自分で生きていくための公務員

そんな経緯があり、大学入学後は「ここまで親に学校に行かせてもらったのだから、ここから先は、親に頼らずに自分で生きていけるだけのお金を稼げる人間になろう。ずっと働けて、自分で生きていける仕事を探そう」というのが最大にして唯一の目標になりました。

しかし、どこかに就職したいと思っても、その当時、高知には四年制大学を卒業した新卒女子を採用する企業はありませんでした。そこで「もう公務員しかない」と思い、必死で公務員試験の勉強に取り組みました。わたしはなぜか、一夜漬けだけは得意だったのです。

公務員試験には国家公務員、地方公務員、昔でいう上級職、中級職……とあり、それぞれ試験の時期が全部違っていたので、とにかく受けられるものは全部受けました。

そんな風でしたから、その当時、大学卒業後に何になりたいとか、どういう仕事をしたいとか、そういう具体的な目標や展望は何もなく、とにかく、「ずっと長く安定して働くことができて、親に頼ることなく、自分でちゃんと生きていけるようなところに就職するのだ！」とばかり、考えていました。

そして、労働省での採用が最初に決まりました。全採用者のうち、女性の比率は、いわゆるキャリアと呼ばれる職種で全体の二%から三%と、まだまだ女性比率が低い時代でした。

当時、全省庁合わせて採用者は八百人程度。そのうち女性は全職種あわせて二一人しかいませんでした。その二二人の内、いわゆるキャリア採用とされる一種事務系試験区分で行法経（行政・法律・経済）採用の女性は、全省庁あわせて五人、外交官が二人で七人。この七人が採用されたのは厚生省、労働省、いまの内閣府、外務省、文科省の五つのみ。この他の省庁での女性のキャリア採用は皆無だったのです。

そしてわたしはというと、中央官庁の国家公務員になって仕事をするという心構えも知識も何もなく、「辞めずにずっと、お給料をもらって、とにかく自分で生きていく」という目標だけを胸に飛び込みましたから、そこから課長職になるまでは本当に大変な道のりでした。

それでも、「どこで自分が成長したかな」と振り返ると、上京して、まったく知らない人たちの中に入り、なかには意地悪なおじさんもいたかもしれないけれども、それでもやはり、社会人一年生は周りの先輩たちに親切にしてもらえて、一年生だから見守ってやろうと思ってくれる人もいます。そういう人たちの中で働けたということが大きかったように思います。

そうやって職場の人たちに見守られながら、皆と一緒に働くということがどういうことなのかを体感していきました。一年経って、兵庫労働基準局に転勤する頃には「おい、送別会やってやるぞ」と言ってもらえて、とても嬉しかったのを覚えています。職場にはよい先輩が結構います。その存在は自分を成長させる上で大きいと思います。

もう一つ、わたしが自分で成長したなと思えたのは、二度目の地方転勤がきっかけでした。前述の入社二年目での最初の転勤とは違って、今度は結婚して長女を出産した後、一九八七年に、当時は若いなりに課長として地方転勤することになりました。

そして、二歳の娘を連れて赴任したのですが、「子連れ赴任」は周囲にそれはもう、大変驚かれました。赴任先の島根労働局の人たちに「空前絶後」と言われたものです。

労働省の職場というのは、実は、一番早くから女性を雇ってきた職場なので、数は少ないけれど子連れ赴任の女性はいました。わたしは当時、島根の人たちに「空前だけど絶後ではない」と言いましたが、その後、島根でも同じように子どもがいても転勤して管理職になる女性職員が現れました。

昇進のオファーは受けなさい

そしてわたし自身を成長させたのは、課長としての役割という、少し背伸びをして背負わなければいけないものがあった、ということが一つ。そして、もう一つ、もっと大きかったのは、労働省を代表して、外部の人たちに国の施策を説明しなければならなかったことでした。

ちょうど、その当時はまだ一般的ではなかった週休二日制の普及を進め、労働時間を短縮することの重要性について、労働省の課長という肩書を背負って、赴任先の一般企業の人にわかってもらえるように説明しなければなりません。この二つに向き合うことで、ものすごく力がつきました。

「自分がわかっているということ」と「人に説明できること」というのは、かなりレベルが違います。わたしは気が小さい方で、その場でアドリブで何とか対応できるというタイプではありませんでしたから、外の人に説明する場合には、どう説明するとわかりやすいかなど、事前に準備をしていました。準備をしておけば、気持ちも落ち着き、そうやって段々と場数を踏み、経験を重ねることで、多少応用が利くようにもなります。

人に説明する、それも、課長としての責任を持って説明するという経験をしたことによって、自分自身が少し変わったと自覚しました。初めて、少しだけ自分に自信を持てるようになったのかなと思います。

また、気づいたこともあります。地方に課長として赴任する直前、わたしの役職は係長でした。実は、その係長になったときに「ああ、今だったら、いい係員になれるのに」と、一つ前のステップでの仕事について思いました。

そして、地方で課長職を経験して本省に戻ると、本省では課長補佐という役職になります。わたしが転勤先の島根から東京の本省に戻って、その課長補佐になったときに、「ああ、今だったらいい係長になれるのに」と、やはり、転勤する直前の、一つ前のステップの仕事について同様に思いました。今の自分なら、以前の係長の仕事をしっかりできるだろう、と。

そして、「ああ、わたし、進歩しているのだ!」と気づいたのです。それが、また大きな自信になりました。自分がほかの人と比べて優れていると思うことはあまりありませんでしたが、少なくともわたしはわたしなりに進歩している、過去の自分よりも今の自分は成長しているということがわかったのです。それは、わたしにはとても大きなことでした。

我が家は、夫も同じ公務員で職場結婚をしたため、職場のことは夫もよくわかっています。この「今だったらいい○○になれるのに」と思って、自分の進歩に気づいたという話を夫に伝えると夫は、「お前、それはいつも足りないということでもあるよね」と言い、二人で大笑いしました。それは確かにその通り（笑）。

自分自身の成長ということについては、「出世や昇格の早さであの人には負けたくない」というように、同期や周囲との競争を一つの動機付けにするタイプの人もいると思います。もちろん、それも間違いではないと思いますが、そういう考え方ばかりだと「また、あの人に負けてしまった」「せっかく勝っていたのに、追い抜かれてしまった」「なぜ、わたしはあの人に勝てないのだろう?」というように、自分自身の成長よりも勝ち負けにこだわって、時にとても自分が苦しくなることもあります。

一方で、過去の自分よりも、今の自分が少しでも成長しているとわかる、自分の成長というのはあまり裏切られることはないので、ずっと前向きな気持ちでいられる気がします。

いつも足りないなりに、無理にでも上のステップに進むことで、一つ下のポストの仕事は十分にできるような自分に変わっていく。自分の経験で、それがわかってからわたしは、働く女性の皆さんに「昇進のオファーは受けなさい」と機会があるたびに言いつづけています。

下のポストにいて、上に進むことについて「今の自分では無理」「この実力じゃ無理」と思うのは、実は意味がないのです。

なぜなら、上のポストに上がったら自然に何かが見えるようになって、上がったら何かができるようになる。わたし自身が、そういうものなのだと経験から実感してきました。それに、そもそも声がかかったということは「自分よりも上の立場の人たちが、客観的に見て実力は十分」と判断して声がかかっているのですから、「今は無理」と思わずに、勇気をもって絶対に上のポストにいきなさい、オファーがあったら受けなさい、と後輩たちにずっと言いつづけています。

先輩や仲間のネットワークに支えられる

わたしが働いていた労働省の先輩女性には、森山真弓さん（一九二七年生まれ）や赤松良子さん（一九二九年生まれ）など、「超」の付く有名な女性がいます。

森山真弓さんは一九五〇年に女性上級職員第一号として労働省に入省し、婦人少年局長を退官後に、参議院議員から衆議院議員になって一九八九年に環境庁長官として入閣し、女性初の官房長官を始め、文部大臣や法務大臣を務めた女性です。また、赤松良子さんは労働省の婦人局長として男女雇用機会均等法制定を推進し、一九九三年発足の細川護熙内閣の文部大臣を務め、女性として初の旭日大綬章を受章しました。

じつは、その彼女たちでさえ同期の男性職員に比べると昇進は何年も遅れていました。当時、最も男女平等が進んでいると言われていた労働省でも、そういう状況だったのです。

わたしが地方に課長として赴任した一九八七年当時は、男性職員とほぼ同じタイミングで昇進の声をかけてもらえるようにはなっていましたが、同期の男性職員と同等の「予算と人事を持つ課の課長」にはしてもらえませんでした。

それでも、数々の先輩女性たちは、後から入ってくる後輩女性のために、いろいろなサポートをしてくれていました。

世代を超えて、女性職員だけの集まりを作って、「今度、課長で地方に赴任します」ということになったら「わたしの時はこうした、ああした」と教えてくれる。「何か不安なことはある？心配なことがある？」と聞いてくれる。「子どもが生まれる」となったら「わたしはこうしたわよ」「こういう時はね……」と、必ず集まってご馳走してくれて、ご自分の体験談やノウハウ話を聞かせてくれました。また、「今度、こういう偉い人に会うから」「今度、とてもよい国会議員に会うから」「この上司は女性を差別せずに、いろいろなことを教えてくれる人だから」と、そうした人たちと会う時に「一緒においで」と声をかけてくれることもありました。

先輩女性たちは「自分たちは男性職員と同じ待遇を受けていない。差別されている」と当事者として周りに訴えたのではなく、むしろ「（わたしたちはとても苦労したのだから、せめて）後輩女性職員たちには、きちんと対応してください」という風に動いてくれていたのです。

これは最近、行動経済学の本で読みましたが、とても正しい行動のようです。差別があるときに、不公平に扱われている自分の待遇を是正すべきだと、権利意識を前面に出して攻撃的に抗議すると「彼女は優秀だけれども性格が悪い」ということになるとのこと。ところが、「後輩女性のために」や「同じような境遇の人が今後、差別を受けないように」と、他者の利益のために強く主張をする場合は、そうしたアレルギー反応が起きにくいという研究結果が出ているそうです。この研究は、わたしが入省した当時にはありませんでしたが、当時の先輩女性たちは賢く、自分たちのことではなく後輩女性たちのために動いてくれていたのです。

そうやってサポートしてもらった後輩たちは「今度は、自分たちが次の後輩たちに返していこう、つないでいこう」と動き、その連鎖は脈々と続いていきます。まだまだ女性登用が少なかった時代で、一方で差別はあったけれども、もう一方では、そうした味方もいて、女性の先輩後輩のつながりがありました。

普通なら、なかなか会えないような国会議員に話を聞く機会を得るようなことがあると、男性職員に「いいよなあ、「女の子」は。そういうところに連れていってもらえて」くらいは言われましたけれども、当時は「いつもたくさん損をしているのだから、たまにはいいでしょう」と思っていました。なかには企業の男性経営者の方や、ほかの省庁の先輩男性が「女性は人数が少なくて、各省にポツンポツンとしかいないから、ちょっと皆に集まってもらって、僕らの経験を話してあげよう」と、月に一回ほど、集まって話を聞かせてもらうこともありました。

女性職員に対する偏見や、女性だからという理由で実質的に不利なことも、当時はまだまだ、たくさんありましたが、一方でそんな風に補ってくれるなど、応援してくれる人もいました。さすがに今はもう、女性の採用割合が三割、四割にまで増えたので、そうした濃いつながりの必要性はないかもしれませんが、でも、まだまだ子育てなどの負担は女性の方が多く負っているのが現実ですから、後戻りが起こらないように、気をつけて、後輩にエールを送っていくようになっています。

今は、当時と違って職場で「女性だから」という差別はほぼありません。最初は「「女の子」はこういうことは苦手だろう」という偏見がありましたが、今はもう、「男女にかかわらず、優秀な人は優秀」という風に変わっています。

「女は使いにくい」から「男でも女でもいいから優秀な職員を」へ

わたしが労働省に入った一九七八年当時は、新しい職員の配属先を決める時に「ウチの課には女は要らない」と、多くの管理職が言っていました。「使いにくい」「残業させにくい」というのが、その理由でした。

それが、十年くらい経つと「いや、ダメな男性職員をもらうよりは優秀な女性職員をもらう方がいい」となり、さらにもう十年経つと「男でも女でもいいから、優秀な職員をくれ」と管理職が言うようになって、そこは大きく変わりました。

ただ、家庭の中での役割分担に関する意識というのは、職場の意識ほどは変わっていないとも言われています。

保育所などの子育ての環境整備もまだまだ遅れているので、そうなると、例えばわたしが先輩女性たちにやってもらったように、「子どもができたの？　それなら、こうしたらいいわよ、あしたらいいわよ、こういうサービスや相談窓口を利用すると便利よ」というようなサポートは、今も必要なのかもしれません。一般の職場でも、公式に女性職員だけをサポートするということはあまり行われていないと思われるので、女性社員が少ないような職場では、やはり先輩たちや女性同士の仲間のネットワークが大事なのではないかと思います。

労働省内で、女性職員採用比率が全体の二十％ぐらいにまで増えてきていた頃に一時期、女性職員の退職が続いたことがありました。中央省庁はそれなりに長時間労働の職場なので、「ここでは無理だ」「働きつづけられない」という判断が働いたのでしょう。その時に、もう一回、後輩たちが女性職員のネットワークを組み直してくれたことがありました。ですからやはり、ある程度、労働環境が厳しい職場では、意識して女性の先輩たちが後輩たちをサポートしないといけない部分というのは、もしかしたら現在もあるのではないかという気がします。

わたしが長女を出産した一九八五年当時は、まだ「育児休業」[1]という制度自体がない時代でした。また、生後一年未満のゼロ歳児を保育園が預かってくれる「ゼロ歳児保育」[2]というものもほとんどありませんでしたから、長女が二歳になるまで今でいう「保育ママさん」[3]に子どもを預けて仕事をしていました。朝、その人のお宅へ子どもを預けにいって、帰りは結構遅くまで見てもらっていました。

そして、娘が二歳の時に娘を連れて島根に転勤しました。幸い、赴任先の島根では保育所も見つかり、また、地方の方が東京よりも労働時間が短かったので、出張や懇親会などで帰宅が遅くなる日だけ、子どもの世話をした経験がある、地域の高齢のご夫婦に娘を見てもらっていました。

職場で業務後に飲み会がある時は子連れで参加していました。職場の上司に「早く娘さんを迎えに行って、連れておいで」と言われ、保育所まで娘を迎えにいき、娘と一緒に飲み会の場所に向かうのです。当時、娘は二歳から三歳にかけてという時期でしたが、職場に娘を連れていけば、皆が手招きして、お菓子はくれる、ジュースはくれる。一緒にビア・ガーデンに行けば枝豆をもらい、ジュースをもらい、唐揚げももらえるわけです。皆にちやほやしてもらって、娘はそれはもう、とてもご機嫌でした。そして、ある時、娘がビア・ガーデンの大きな提灯を見て言ったのです。「あれがママの職場だよね」と（笑）。

そうやって娘が三歳半になるまで島根にいて、その後、東京に戻りました。すると、今度は夫が転勤になり、そこから一年半くらいが一番つらかった時期です。保育所は見つかったけれど、当時は延長保育(4)というものはありませんでしたから、また保育ママさんを見つけてお願いすることで何とかやりくりする毎日で、子育ての体制が整うまでは、本当に大変でした。

そして、その後、わたしは「保育園に子どもを入れたくても入れられない、待機児童をなくすための仕事」を担当することになり、自分の娘たちが子どもを預ける時までには待機児童をなくそうと思っていたのですが、残念ながらそれは実現できませんでした。

大人になって子育て中の娘からは「お母さん、わたしたちをおいて、あんなに仕事をしていたのに、こんなことも実現できていないの？」と言われないように、何のためにこの取り組みをしていたのか娘たちに言えるようになりたいと思っていたのですが……。現在も、ずいぶん進歩はしたと思いますが、残念ながら、まだまだ十分ではありません。

〈用語解説〉

（1）**育児休業**　一九九一年に定められた「育児・介護休業法」という法律に基づき、子どもを養育する労働者が取得できる休業のこと。申し出により子どもが一歳になるまで（最長で二歳に達するまで）育児休業を取得でき、育児休業給付金も得られる。父母ともに育児休業を取得する場合は、子どもが一歳二か月に達するまでの間の一年間、休業を取得できる。

この法律が制定される以前は労働基準法によって定められた産前産後休業＝産休（産前は出産予定日の六週間前から、産後は出産の翌日から八週間の休暇）のみであった。

（2）**ゼロ歳児保育**　保育施設で生後一歳未満の乳児を対象とする保育のこと。一～二歳児の場合は乳児六人毎に保育士一人が配置されるが、ゼロ歳児の場合は特に手がかかるため、乳児三人に対して保育士一人が配置される。

（3）**保育ママ**　保護者が就労などのため子どもを保育できないとき、保護者に代わって自宅の一部を育児室として保育を行う、通所の施設または保育者のことをいう。

（4）**延長保育**　保育園などに子どもを預けたものの、仕事の事情などによって定められた保育終了時刻に子どもを迎えに行けない場合、時間を延長して子どもを預けられる制度のこと。

第二章　仕事と子育ての両立

子どもに申し訳ないと思うな

働く女性は仕事と家庭の両立で悩む人が多く「母親である自分が働きつづけているのは、果たして子どもにとってよいことなのだろうか？」と考えがちです。「子どもを犠牲にしているのではないか。子どもにさみしい思いをさせているのではないか」という気持ちがあるのでしょう。

わたしは自分が管理職になってから、この問題は「悩まない方がよい。割り切った方がよい」と思うようになりました。若い女性社員の研修でも「悩むな。子どもに申し訳ないと思うな」と言っています。それはなぜかというと、悩むとパフォーマンスが落ちるからです。そして何より、本人がそこで悩んでも、何も解決しない。

子どもがいると、急な発熱や病気などで早く帰らなければならないことは、どうしても発生します。仕事を休まなければならないこともあります。でも、だからといって、それを申し訳ないと思ったとしても、職場に具体的なメリットが生まれるわけではありません。

とはいえ「悩むな」というのは、おそらく無理でしょう。だから、わたしは「悩む時は生産的に悩め」と言います。

「職場に迷惑をかけてしまうのではないか」「わたしはいい母親だろうか」「いい父親だろうか」と悩むのではなく「どうやったら限られた時間で職場に貢献できるか」「どうやったら短い時間で、いい親でいられるか」。それを工夫することに労力を使ってくれと。その代わり「絶対に〝貸し借りの感覚〟だけは忘れるな」と言います。

「いまは職場の誰かに借りを作っている。いつかどこかで必ず、返します」という気持ちがあれば、わりと周りも応援してくれるものです。そこで「休むのは当然だ」という顔をされると、周囲は「なんだ⁉」と思うかもしれません。そしてやはり、本人が悶々と悩んでも、それは誰のためにもならない。だから、わたしはいつも「悩むな。悩むなら生産的に悩め」と言うのです。

働くお母さんの中には「子育てを、専業主婦のお母さんのようには十分にできず、自分の親や夫など、周囲に任せたことを自分の罪のように感じて、子どもが大きくなっても幼少期に十分、一緒にいられなかったことを、ずっと苦しんでいる人がいる」と聞きます。でも、それはどうなんでしょう、子どもにとって。

わたしも以前は子どもに尋ねる勇気がありませんでしたが、長女が高校生になった頃にようやく、「働いているお母さんを持っていて、どうだった？　あなたならどうする？」と尋ねたことがあります。長女は「うーん。たぶん、わたしは働くと思うよ。でも早く帰る努力はするけど」

と答えました。あまり早く帰れなかったわたしは「すみませーん」と言いました（笑）。

下の娘は、当時まだ小学校の上級生くらいで「わたしも働くと思うよ」と言っていました。そして、娘たちは就職した今、「お母さん、楽しそうに仕事をしていたでしょう。だから、わたしは社会に出ることが怖くなかった」と言ってくれました。

「楽しそうに働いていたお母さんを見て、わたしは社会や仕事に対してよいイメージを持つことができた。それはたぶん、プラスだったと思うよ」と言ってくれたので、働く母親が近くにいることが、子どもにとってよいところもあるのだなと思いました。

でも、その一方で「では、わたしにとって、絶対に仕事が第一か」といったら、必ずしも、そういうわけではありませんでした。実は、上の娘は小児てんかんという結構大きな病気を抱えていて、眠る時に起こる発作に備えるために、誰よりも早く職場を出なければいけない時期がありました。そのときは「ああもう、仕事を続けていくのは難しいかな」と思っていたのです。

ものすごく悩みましたが「まあいいや、もうちょっとだけがんばってみて、ダメだったら仕事はもう辞めよう」と決めました。それで、すごく気持ちが楽になりました。

そのうちに、だんだん「てんかん」の薬が娘に合うようになって、発作をコントロールできるようになり、結局、そのまま仕事を続けることができたのです。

仕事を続けることが絶対ではないと思います。でも、やはり、やる価値はすごくある。そして、我が家は夫と娘二人とわたしとで、四人のチームのようになり、みんなで家庭をまわしていくという感じになったことはよかったと思います。いつのまにか、下の娘を除いて、夫も、上の娘も家事万端、なんでもできるようになっていました（笑）。

一つ、笑い話があります。例の郵便不正事件（後述二五頁参照）があって、わたしが拘置所に入れられた時に、弁護団の女性の弁護士さんが、夫と娘に「どうしますか？ お手伝いさんを雇いますか？」と尋ねてくれたそうです。夫は「しばらく、何を聞かれているのかわからなかった」と言っていました。ハッと気付いて「ああ、主婦がいなくなって、家の中のこと、家事をどうするか心配してくれているのだ」とわかった。そして、夫は「大丈夫です。何も変わりませんから」と言ったそうです。

一家の主婦が家にいなくなっても、何も変わらないと言ったのです。これって、すごくないですか？（笑）

どうも我が家の中での評価では、わたしは夫と長女に続いて「第三主婦」という位置付けだったらしく、つまり、すでにその時、我が家には主婦が三人いたということです。だから、三番目がいなくなっても、家事で困ることは特になかった。

誰かが家事をやってくれるのは、とてもありがたいことですが、「もう少し自分の好き勝手にしたい」、「自分の好きなものを、好みの味付けで食べたい」と思ったら、自分で料理する力を身につけるのが一番の近道です。

しっかり家事をできるようになっていれば独立もできます。我が家ではすでに三人も主婦がいためか、大学受験を控えていた次女だけは家事をあまり覚えませんでしたけれども、両親が共に働いていたことで、子どもの成長にはつながったように思います。

そして、さらに我が家はとてもリスクに強いということもわかりました。夫とわたしの二人に収入があるということも、娘も入れて三人、または四人が家事ができるということでも、とてもリスクに強い家族になっていて、それはとてもよかったと思っています。

だから、たぶん、わたしが死んでも夫は長生きできると思います（笑）。

上の娘は大学時代、障害のある方のグループホームに、お休みの日の夕方に行って、ホームの皆さんの夕飯を作って食べ、泊まり込んで朝、皆さんの朝ご飯を作るというアルバイトをしていました。結構、いい収入になっていたようです。そして、グループホームの人数分（四〜五人分）くらいの料理は作れるようになっていました。

夫とわたしは公務員ですが、その後、対人の仕事が好きだった長女は百貨店に勤務することになり、次女はどうやらわたしたちを見ていて地方公務員になりました。

郵便不正事件で得た「二つの支え」

わたしは二〇〇九年に郵便不正事件[1]という事件に遭遇して、共生ということについて、とてもたくさんのことを学びました。もう十年以上前のことなので、若い学生の皆さんはこの事件のことを知らないかもしれません。

事件のことを書こうと思ったら、何頁も書けそうですが、それはまた次の機会にして、事件の概要と、わたしがこの事件から学んだことを少しだけお伝えしたいと思います。

この事件前のわたしは、自分で働いて、自分でお給料をもらって、自分で食べている。そして、公務員として人様を支える仕事もしている。無意識でわたし自身は、自分はそういう人間、いやらしい言い方ですけど、「支える人」と「支えられる人」で言えば、支える人だと、どこかで思っていたと思います。

でも、ある日、突然、拘置所に入れられて誰にも会えないという状況になるわけですから、一夜にしてわたしは「支えられる人」になりました。本当に単純ですけれど、人間ってそういう風になることがあるのだ、と思いました。「支える人」と「支えられる人」がいるのではなく、昨日まで支える側だと思っていた自分が、ある日突然、支えられる立場になることがある。そんな単純なことを、わたしはやっとわかったのです。

その上で、大変だったけれどなんとかがんばれた。なぜがんばれたかと言うと、二つの支えがあったからです。一つは、家族や友人の支えです。

家族は二百％ぐらいわたしを信じてくれるという自信がありました。でも、毎日毎日、報道で悪いことをした官僚がいると報道されて、どうやって探してくるかと思うぐらいに人相の悪い写真だけが報道に出ていくわけです。嫌でしょう、本当に。だけどそうなるんです。

そうなると職場の人たちも「村木さん、真面目そうに見えたけれど、やっぱり違うんだね」とか、「やむを得ず、議員からプレッシャーでもあって、やっちゃったんだろうか」「忖度《そんたく》せざるを得なかったのかな」という話になるわけです。

わたしも「どこまで信じてもらえるか」と思っていたら、ある日、弁護士さんがやってきます。ドラマにあるように、透明なアクリル板を挟んだ、向こう側とこちら側で対面し、弁護士さんが紙をピタッとアクリル板に押し当てて見せてくれました。真ん中には「真実を貫け」と書いてあ

解説

［1］**郵便不正事件**　郵便料金制度には障害者団体向けに郵便料金を割り引く制度があり、これを悪用して企業のダイレクトメール（DM）を大量発送して正規料金との差額を免れたとして、大阪地方検察庁特別捜査部が二〇〇九年六月に障害者団体・厚生労働省・DM発行会社等の各関係者を摘発した事件が郵便不正事件です。

このとき、制度利用に必要な偽の証明書発行に関与したとして、当時、厚生労働省の雇用均等・児童家庭局長だった村木は虚偽有印公文書作成・同行使容疑で逮捕、起訴されました。まったく身に覚えがなかったため、村木は一貫して容疑を否認しつづけ、その後、捜査の矛盾が明らかになって二〇一〇年九月に大阪地裁によって無罪となりました。

さらにその後の調査で、同事件の大阪地検特捜部・担当主任検事が、証拠物のフロッピーディスクを改竄していたことが朝日新聞のスクープで発覚。また、大阪地検特捜部長および副部長が、主任検事よる故意の証拠の改竄を知りながら、これを隠したとして犯人隠避の容疑で、それぞれ逮捕されるという大阪地検特捜部主任検事証拠改ざん事件につながりました。

り、その下に友達や職場の仲間たちの名前がダーッと書いてありました。

ああ、まだわたしを信頼してくれている人たちがこんなにいる……！　これは、とても大きな力になりました。

もう一つはプロの支えです。いくら周りが信頼し、心配してくれていても、裁判に勝たなければ意味がないため、弁護士さんの助けが必要です。

わたしは、結局、二つの支えが必要なんだと思いました。これは、どんな場面でも同じでしょう。よいお医者さんじゃないと病気は治らないかもしれない。だけど、どんなによい医者にかかっていても「誰も見舞いに来てくれない」「誰も退院を待っていない」となると、なかなか元気が出ないものです。

障害のある人の雇用や福祉もそうかもしれません。もちろんプロの支えは必要です。でも、それだけではなくて、働く場にいる同僚や、近所の人や、家族や、カラオケ仲間や……。そういう二つの支えがあって初めて、本当の意味で元気が出てくる。わたしもその二つの支えが必要だというのを実感しました。

その上で、あの事件の時に、それでもわたしが「絶対、大丈夫」と思った瞬間というのは別にあります。それは何か。娘のためにがんばらなきゃ、と気がついた時です。

もし、わたしがここでヘナヘナになってがんばれなかったら、将来、娘が何か困難に遭遇した時に「ああ、お母さんもダメだったな、わたしもがんばりきれないかもしれない」と思うかもしれない。そう考えたら「これは大変なことになる、娘のためにわたしは絶対にここで折れてはいけない」と思いました。そのときに、これでもう絶対大丈夫だと自分でわかったんですね。

やっぱり、誰かのためにというのはとても強いものです。

ハンディがある人も支える側に

この事件の後で、わたしは職場復帰をするのですが、その半年後ぐらいに東日本大震災が起こりました。震災の一か月後ぐらいに、わたしは郡山に仕事で入って、避難所を訪問しました。当時の防災担当の大臣が蓮舫さんで、わたしはそのお付きだったんです。無罪判決から半年です。

蓮舫さんが避難所で避難されている皆さんに向かって「何かご不自由はありませんか？　できるだけのことをしますから、がんばってくださいね」と言い、それに対して、避難中の皆さんが「ありがとうございます」と答える。蓮舫さんはそうやって一人ひとり握手していきます。わたしは蓮舫さんのお付きですから、その一歩後ろを歩いていきます。

すると、避難中の方々がわたしを見つけて「あっ、村木さんだ。よかったねえ、がんばってね」と励ましの言葉をかけてくれます。「がんばってください」と言っている大臣の後ろを、わたしは「がんばってね」と言われながら歩いていたのでした。恥ずかしいというのか、きまりが悪いというのか……。その一方で「なんて、この人たちは優しくて強いのだろう」と思っていました。

この話を、堀田力さんという元検事さんにしたら、「村木さん、よいことをしたね」と言われました。「よいこと？　なぜですか？」と訪ねると「村木さん、福島の人はね、震災から後、ずっと励まされつづけていたと思う。でもね、人間は励まされるだけでは元気にならない。村木さんを励ましたことで、福島の人はきっと元気をもらったと思うよ」と言うのです。

それでわたしは、娘の話を思い出しました。そうだ。わたしも誰かのために何かをできるという瞬間の方が、すごく力が湧いたのです。

いろいろな人を支援する、ハンディがある人を支援するという時に大事なのは、彼らのために何かをするというのもとても大事ですが、もう一つ、ハンディがある人が支える側に回れるということが、実は彼らにとっての最大の福祉だと思います。

拘置所に入ってみたら、拘置所や刑務所にいる四人に一人が知的障害者だということがわかりました。検事が言うのです。

「僕ら、正月前は忙しいんですよ」

「何で？」

「お正月をここで過ごしたい人が多いから」

障害のある人が、たくさん刑務所にいるというのが今の現実です。

そして、出所者の人たちが、もう一回罪を犯すかどうかというのは何で決まるかというと、出所後に帰る場所があるかどうか。そして仕事を見つけられるかどうか。支えてくれる人がいるかどうか。最後に、自分が誇りをもって世の中のため、社会のために活躍できるかどうか。

この「自分の出番」を得て誇りを取り戻すことが、人の立ち直りには必要だと言われています。二〇一六年に、時の政権が「一億総活躍社会」の実現に向けて取り組んでいくという方針を発表しました。もちろん、日本の人口がこれからどんどん少なくなるからということもありますが、それだけではありません。

人は、社会に貢献できる場所を持つことで一番元気が出る。このことが今、世界的に認識されつつあります。これが、ここ数年のG20の雇用労働大臣会合のテーマでもあるのです。

日本企業のトップには女性が少ない

二〇一九年十二月に世界経済フォーラム[5]が「世界ジェンダーギャップレポート二〇二〇」を発表しました。経済、政治、教育、健康の四分野のデータを元に、それぞれの国に男女格差がどれだけあるかを「ジェンダー・ギャップ指数」として公開しているものです（図2-1）。

こうした結果が示すように、日本は現在、世界各国に比べて女性の社会的地位が低いのが実状です。背景には、日本の多くの企業が昇進の仕組みとして、長い間、「年功序列」を慣例としていることが挙げられます。

「年功序列」とは、組織の中で勤続年数や年齢を積み重ねれば積み重ねるほど、役職や賃金が上がる仕組みのことを言います。

「長く勤めつづけることで業務上の経験値やスキル、ノウハウが蓄積されて職務遂行能力が高

図 2-1　管理的職業従事者に占める女性の割合（国際比較）

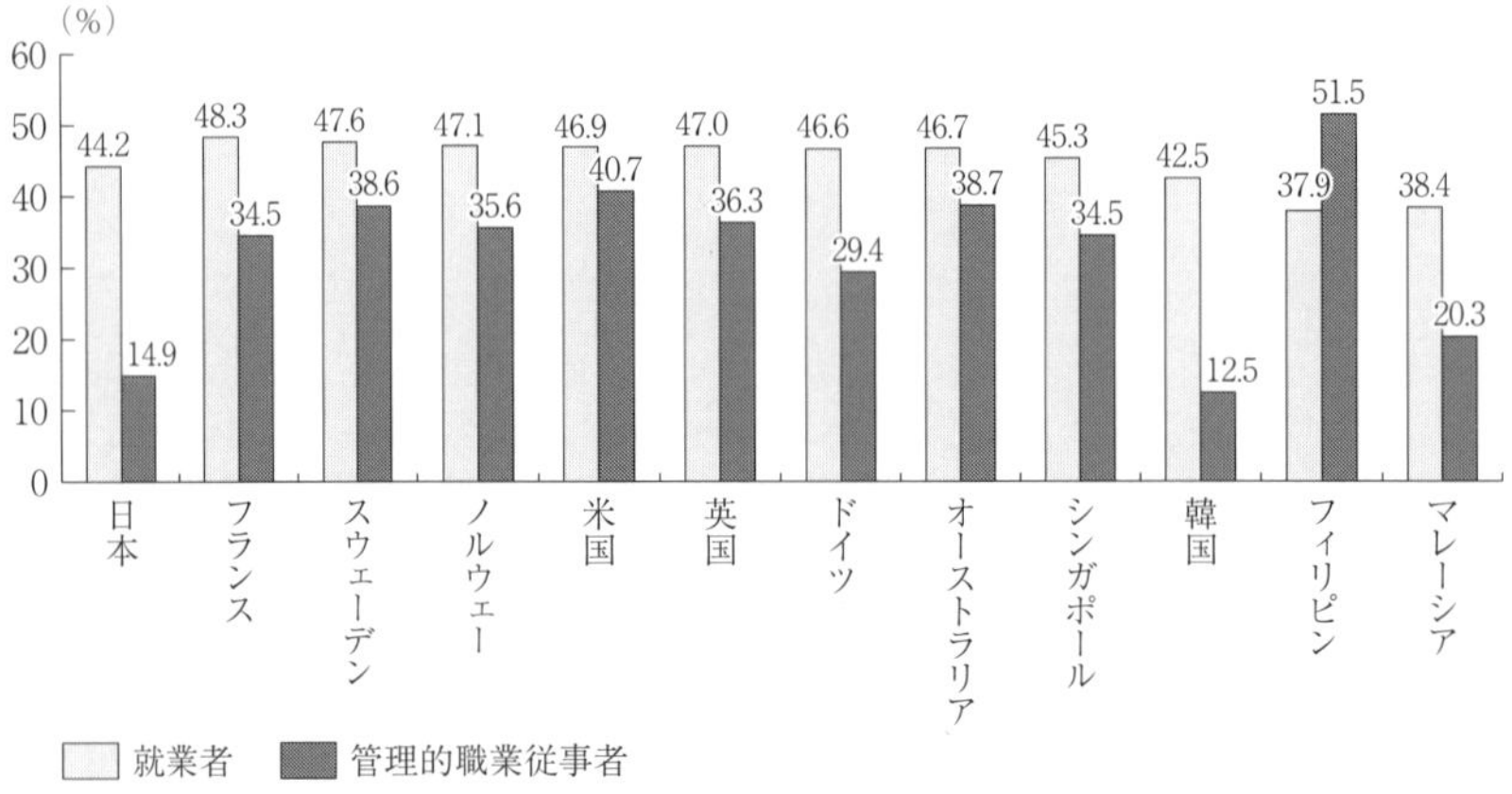

出典：内閣府『男女共同参画白書』令和元年版。

くなる」という認識から、勤続年数の長さが昇進の判断基準となっているものです。この「年功序列」の慣例の下では、若い時期にどれほど突出して優秀な営業成績等を挙げても、スピード出世する機会は少ないといえます。

しかし、この年功序列にはプラスな面もあります。それは、自分の昇進が他の人に比べて遅れていたらすぐに「わかる」点です。同じ年の同期入社の社員たちの昇進状況から、自分の昇進が早いか遅いかを知ることができるわけです。

一方で、最近は女性の採用が増えているのですが、年功序列の雇用慣行の中では彼女たちが管理職になるまでには長い時間がかかります。ですから、多くの企業が、管理職適齢期の、そもそもの女性の母数が少ないことを理由に、例えば、課長クラスはいるんですが、部長クラス、まして役員が誕生するにはまだ時間がかかりますといったようなことを言うわけです。

また、第○期や○年入社というように、同じ年に入社した人たちを一つのグループとして管理する会社が多いことから、例えば、女性社員が子育てのために育児休暇を取得することで、一年、二年と同期たちから昇進のタイミングが遅れていく場合があります。

加えて「この期のトップはこの社員」というように期の中で序列ができてしまうと、出産や育児などのライフイベントによって、女性の方が遅れをとりやすく、なかなかトップにいけないというマイナスの面もあります。

ただし、いったん入社したら定年まで、ずっと同じ会社に勤めるという、かつて終身雇用が当

〈用語解説〉
（5）**世界経済フォーラム**　一九七一年に経済学者クラウス・シュワブにより設立された特定の利害と結びつくことのない非営利財団。スイスのジュネーブに本拠を置く。官民両セクター、国際機関、および学術機関、その他の社会におけるリーダーたちが連携することにより、世界、地域、産業の課題を形成し、世界情勢の改善に取り組むことを目的としている。
日本のジェンダー・ギャップ指数の総合スコアは〇・六五二で、順位は百五十三カ国中、百二十一位（前回は百四十九カ国中、百十位）と、世界各国に比べて日本の女性の社会的地位はとても低い水準にあります。また、内閣府男女共同参画局によると二〇一二〜一九年までの七年間で、日本国内の上場企業の女性役員数は約三・四倍に増えたものの、全体に占める女性役員の割合は五・二％（二〇一九年）にとどまり、これも諸外国の女性役員割合に比べ低い水準となっています。

たり前だった時代から、現在は転職によって勤務先を変えることへの抵抗感はほぼ消失し、雇用はだんだん流動的になってきています。また、以前は女性の参入が難しかった職種等への門戸が開かれるなど、勤務先の職種や母数も増えています。そういう意味では、今後はもう少し女性の活躍が進むだろうと期待しています。

日本の女性の社会的地位の向上において、その足を引っ張っているものが二つあります。それは「長時間労働」と「保育所問題」です。保育所については、消費税の引き上げで得た財源が保育所作りに投入できるようになって、ずいぶん整備が進んできましたが、それでも、子どもを預けて働きつづけたいと考える親の増加に追い付かず、特に都市部では、待機児が多い状況です。

そんな中、実は企業が取り組めることもたくさんあります。企業が社員のための保育施設を作る場合に建設費や運営費を助成する「企業主導型保育事業」などを利用して企業内に保育所を作る企業も多く、また、ベビーシッターの費用を助成する企業も出てきています。皆で何ができるかをぜひ考えてほしいと思います。

そして、長時間労働については男性を含めて、働き方を変えないといけません。女性に下駄を履かすような形で「女性活躍のために長時間労働を見直す」という狭いとらえ方では、「なぜ女性だけのために?」と、おそらく社内がうまくいかないでしょう。

「男性も女性も皆の働き方を変える、働き方が変わる」という方向にもっていかないと、男性も家庭参加できないし、女性もいつまでも「男性と同等には働けない労働力」と位置付けられていては昇進は難しいと思います。

アメリカでも女性は昇進したがらない⁉

もう一つ、わたしが最近、大変面白いと思った行動経済学の本についてご紹介します。それは「アメリカでも女性の方が昇進したがらない」という話です。これは、わたしもとても意外だったのですが、アメリカでいろいろ調査をしたところ、「女性は男性よりも自己評価が厳しい」という結果が出たそうです。

例えば、自分が男性なら、周囲に先輩男性社員がたくさんいるので、四十歳くらいになったら「ああ、俺もそろそろ課長だな」という風に、自分の昇進について想像がつくのでしょうけれども、女性は割と自己評価が厳しく「わたしなんて、まだまだ実力不足だから……」と思いやすい。相当、飛び抜けて優秀だという結果がない限り「自分はすでに昇進する準備が十分整っている」とは思わないのだそうです。

でも、よく考えれば、自己評価はともかく、本当は実力がある人を昇進させる方が組織としては得なわけです。だから、女性に自信を持たせ、あるいは、下のポストにいる時に「実は、上のポストに行くことで、力がつくのですよ」ということを丁寧に説明して、昇進への意欲を持たせて促してあげるということが必要なのではないかと思っています。

アメリカではそうした行動経済学が、早くからわかっていたのだと思いますが、日本で実践の事例があったのは日本ＩＢＭでした。日本ＩＢＭでは「まだまだ自分は昇進には早い」と考えている女性たちを、彼女たちの上司が丁寧に説得して、できるだけ昇進してもらおうと取り組んだそうです。すると、最初は「昇進したくありません」と言っていた女性たちが、昇進後に高いパフォーマンスを発揮して、本人たちも「昇進してよかった」と考え方が変わっていったということでした。やはり、女性の昇進については、意識して会社が少し丁寧に対応してあげるというのが良いのではないかと思います。

『ＬＥＡＮ ＩＮ（リーン イン）』[2]という本がベストセラーになりましたが、著者のシェリル・サンドバーグさんによると、「会議をやります」と言って部屋に人を集めると、男性はテーブルの周りの椅子にためらうことなく座るけれど、女性はその後ろにある、椅子だけの席に座りたがるそうです。アメリカの女性たちが、です。これも、わたしはすごく意外でした。

昇進について調査をすると、アメリカでも男性よりも女性の方が躊躇すると言われています。そこにはやはり文化的に作られたものがあり、実力と自己評価はかなり違うようです。海外に比べて日本人女性は昇進について尻込みしがちで、もっと自信を持たせることが大事というのは、なんとなく理解できますが、アメリカでも同じことが起きていたということをとても意外に感じました。

日本でも男性は順送りで「何歳になったら」、あるいは「このポストに何年いたら次は」といって、どんどん昇進させ、それにしたがって力もついてくるという風に周囲も考えていますが、女性の昇進については、飛び抜けてかなり優秀か、あるいは本人が「昇進させてほしい」「自分はもう十分、昇進する力を持っている」と手を挙げたら、昇進を検討するということが多いようです。

とはいえ、女性の多くは引っ込み思案、よく言えば謙虚なので、「手挙げ方式」が必ずしも正解とは言えないかもしれません。

わたしが労働省にいてよかったと思うのは、昇進が「手挙げ方式」ではなかったことです。「この年齢になったら、あなたはもう課長補佐です」「そろそろ、もう課長にならなくては」と、無理にでも引っ張り上げてくれる。わたしは自分の昇進に積極的なタイプではなかったので、それが結果的にはよかった。そうでなければ自分が育たなかったと思っています。

だから、企業側もあまり意識せずに、男性も女性も同じように「これだけキャリアを積んでき

解説

［2］ 書籍『LEAN IN——女性、仕事、リーダーへの意欲』 著者のシェリル・サンドバーグは米フェイスブックのCOO（最高執行責任者）。女性たちのポテンシャルを引き出し、自分の幸せとキャリア上の成功を手に入れるための方法を、自分のキャリアと家庭生活、子育てを振り返りながら紹介するもの。女性たちが自分の目標に向かうための強いメッセージ。タイトルの「LEAN IN」は一歩を踏み出すという意味（二〇一三年 日本経済新聞社発行）。

たのだから、もう昇進できますよ」「仕事で成果を出しているのだから、自信を持って昇進しましょう。あなたなら大丈夫です」と、励ますとよいのではないかと思います。

実際、女性は昇進してしまえばしっかり職務を果たします。結果的には皆、できるのです。でも、まだまだ女性役員などのロールモデル（手本となる人）が少ないため、イメージを描きにくく、尻込みしてしまう。だから、いまは声をかけてあげないといけないのではないかと思います。

今後、もっとロールモデルが出てくれば「手を挙げる人」も出てくるのかもしれませんが、これまでのロールモデルはバリキャリ（＝バリバリ働くキャリアウーマンタイプ）が多い。もう少し、普通の人が昇進して認められていくようになってほしいところです。

わたしの二年先輩の女性でバリキャリの典型のような、とても優秀な女性がいるのですが、あるとき、その先輩に「村木さん、どっちのタイプでいく？」と訊かれたことがあります。

当時の労働省の先輩女性には、松原亘子《のぶこ》さんという、女性で初めて次官になった、労働事務次官の方がいて、もう一人は佐藤ギン子さんという、労働省を辞められたあと、ケニア大使や証券取引等監視委員会の委員長も務めた方がいます。

わたしに「どっちのタイプでいく？」と尋ねた先輩は、そのお二人の名前を挙げて、わたしに「亘子タイプでいく？　ギン子タイプでいく？」と迫ったのです。亘子さんは「怖そうに見えて怖い人」で、ギン子さんは「優しそうに見えて怖い人」なんです。そう、つまりどちらも怖い人と言われていました。

わたしは「どっちも無理」と思いました。しかも、わたしにその答えを迫っているのは、東京大学在学中に司法試験に合格した、本当にバリキャリの典型のような先輩女性でした。わたしが困って返事ができないでいると、彼女はわたしの返事を待たずに「じゃあ、第三のタイプを作りなさい」と言いました。自分なりに考えて、第三のタイプを作ればいいと。すごい、なんて賢く優しい人なのだろうと思いました。

そして、その言葉に感謝しました。自分にとって初めての分野で、どうしよう？　と困ったとき、「だれか、お手本になる先輩はいないだろうか」「同じようなことに取り組んだ先輩を探して、真似ればいいのでは？」と、一生懸命パターンを探すことがあります。

でも「それが、もしないのならば作ればいい。自分に合う第三のパターンを、あなたらしい新たなやり方を作ればいい」と言ってもらったのです。この言葉には本当に感謝しています。この言葉があったから、最後まで、わりと自然体でいけたのだと思っています。

仕事で一番面白いのは課長、次は局長

もう一つ、わたしの励みになった言葉があります。ある先輩男性が言った言葉です。

国家公務員[3]で、各省庁にある○○局のトップの「局長」は、一般企業でいうところの「役員」に当たります。わたしは局長になる手前の審議官でいた時に、結構、自分の仕事に満足していて「これでいいや」と思って、ナンバー2という立ち位置に満足していました。

そうしたら、ある先輩が「お前、仕事で一番面白いのは課長だ。その次に面白いのは局長だぞ」と言ったのです。

「せっかく役人になったのだから、なれるものなら局長にまでなってから辞めろ」と。わたしは「そういうものなのか」と、ヒントをもらったように感じて強く励まされ、「それならば、もし、そういうチャンスがあるなら局長までやって辞めよう、どうやらとても面白いらしい」と、そのときに思いました。

課長職というのは解決すべき課題や困りごとが起きている「実際の現場」に近い上に、その困りごとへの対応を自分が決められる立場なのです。わたしは、そういう仕事が面白くて、とても、やりがいを感じていました。

その後、課長職から昇進して立場が上がると、今度は審議官という役職になります。この審議官の仕事は、課長が作った対応策の案を見て、良し悪しを判断していくようなポストなので、自分で、その対応策の案を作れない分、正直に言って課長職よりは面白くないと感じていました。だからこそ、その先輩の「一番面白いのは課長で、その次に面白いのが局長だ」という言葉が強く胸に残ったのです。

課長は現場に近くて自分の裁量で進められるところが面白い。局長は国会対応や、役所の名前を背負う部分がさらに大きくなって、課を超えて大きな組織、大きな財源を動かして取り組む、仕事の大きさが面白い。

実はこの言葉は、課長も局長も、両方の役割を実際にやったことある人にしか言えないアドバイスでした。彼はその当時、事務次官だったので、こういう話をしてくれたのでしょう。しかも、男性の先輩がそういうアドバイスをしてくれるというのは、とても恵まれていました。

こうして、わたしはこれまで、いろいろな方からアドバイスをもらったり、さまざまな人たちに話を聞く機会を得て、その助言にいつも助けられてきたように思います。それにはもちろん「ご縁」もありますが、やはり、先輩女性たちが営々と代々、引き継ぎ、引き継ぎしてきたよい連鎖がありました。

解説

［3］**国家公務員になるには**　国の省庁で働く人には「キャリア」と「ノンキャリア」と呼ばれる区別があり、「キャリア」は国家公務員採用総合職試験に合格して中央省庁に採用された人を言い、「ノンキャリア」は国家公務員採用総合職試験以外の国家公務員試験に合格して中央省庁に採用された人のことを指します。一般に、「キャリア」と呼ばれる人を官僚と呼びます。

官僚の主な仕事は、国会で最終的に決定される法律や予算について、その原案となる「法案の作成」「予算案の作成」を行うこと、また、成立した法律や予算の執行をすることであるとされています。また、係長、課長、審議官、局長、事務次官という順に階級が上がっていきます。これまで女性で事務次官になったのは村木を含めて二人です。

これはすべての省庁にあるわけではなく、やはり、女性がほんの少ししかいない省庁では見受けられないようです。女性があまりに少ないと、そこでは女性職員がみんな一匹狼のようになってしまうのでしょう。労働省は先輩後輩のつながりがとても濃く、恵まれていました。そこそこの人数のため、共同体のような連帯感が生まれやすいのかもしれません。

第三章　共生社会の実現に向けて

コロナ禍の中、全員が当事者というチャンス

二〇二〇年は全世界的なコロナウイルス感染拡大の年になりました。大学一年生であれば、入学しても、もしかしたらキャンパスに行けず、オンライン授業ばかりだったかもしれません。皆、我慢したり、できないことがあったりしてフラストレーションが溜まったことでしょう。

コロナ禍にはマイナスのことが山のようにありますが、北九州でホームレス支援や困窮者支援に取り組んでいる奥田知志さんという牧師さんとコロナをテーマに対談をしたことがありました。わたしが「世界中の人、若い人も、お年寄りも、お金持ちも、そうじゃない人も、皆が共通の問題に直面している。こんなことは今までなかったのではないか」という話をしたら、奥田さんが「そうなんだよ、全員が当事者。こんなことは滅多にないよね」と。

だから、二人で「これはチャンスかもしれない」と話しました。

結局、いろんな問題の解決、共生社会を作ろうというようなことをやるときに、何が難しいか

と言ったら当事者意識を持ってもらうことなのです。

「自分には関係ない」「あの人たちの問題だ」「たしかに、あの人たちは大変そうだし、かわいそうだけれど、わたしには関係ない」というのがある。ところが、世界中の人が同様に直面しなければならない問題が現実に起こったわけです。皆が協力しなければいけないことが。

政府を責めているだけでは解決しない。一人ひとりが努力しなければいけない。企業にも貢献できることがあり、ＮＰＯは大活躍し、医療機関や福祉の人たちは大変な努力を続けている。今回、皆で協力して対応しなければいけないことが目の前に起きて、皆がそれを勉強したということは、実はとてもよいことなのではないかと考えたのです。

たぶん、皆さんが社会に出ていろいろなことに直面した時に「政府がちゃんとやってくれたらいいのに」「大人がちゃんとやってくれたらいいのに」と思いたくなるようなことがあるかもしれません。でも、ほとんどの問題は、皆で協力しないと解決しない。皆で変えようと思わないと、ものごとは変わらないものです。

歳を取ってわかるのは、皆がいろいろな努力をしたことで、制度はどんどん変わって、よくなってきたということです。そして「ああ、これってイヤだな」「これって辛いな」と思った時に、第五章で紹介する甑島《こしきしま》の人たちのように、ちょっと声に出してつぶやいてみて、同じ状況にいる人たちと一緒に、自分ができることに取り組んで解決していく。

そういう風に、一歩を踏み出してもらえたらいいな、と思います。

実は、とても残念に思っているのは日本の大学生の多くが、「自分は何もできない」と思っていることです。

オーストラリアの大学では、大学生がBlessing Box（ブレッシングボックス＝恵の箱）という棚を一つ、街において、「あなたが寄付できるものをここに置いていってください。あなたが必要なものを持って行ってください」というメッセージを残す活動を始めました。そこには付箋に書かれたメッセージがたくさん残されています。

例えば、自分が寄付できるものを置いた人は「自分も大きな社会のメンバーの一員だと実感したくて置いていきます」。置かれた品物をもらっていった人からは「ウーバーイーツで働いているけれど、やっぱりお金が足りなくて」、「仕事時間を減らされていて厳しいです」といったメッセージが残されています。そして、その交換の場を作ったのは大学生でした。

人生は長く何度でもやり直せる

コロナの時期にもう一つ、とてもショックだったことがあります。日本とアメリカの両方で医療に携わった経験のある方からこんな話を聞いたのです。日本の大学の医学部で「コロナウイルス感染対策のためオンライン授業はできるけれど、実習の授業は実施できない状況が続き、学生たちのフラストレーションが溜まっている」という話をしているときのことでした。

同じ時期に、アメリカの大学の医学部では学生たちが「自分たちは医療を志して医学部に来ている。自分たちはまだ医者ではないが、医療を志している自分たちだからこそできるボランティアがあるはずだ」と言って、できることを探して、どんどん活動を始めたというのです。

この対比にはとてもショックを受けました。日本の医学生たちは、アメリカの医学生に比べると「自ら、できることを探すのではなく、待ってしまっている」と感じたのです。

自分にできる小さな一歩を踏み出すというのはとても大事なことだと思います。こういう時期に自分自身を励ましたり、誰かを励ましたり、自分にできる小さな一歩でも動くことができたら、とてもいいと思います。皆が動く、行政もがんばる、企業もがんばる。皆で取り組むことで問題解決に向けて前に進む。そこが大事だと思います。

もう一つ、自分でやってみると、よくわかるということをお伝えします。

自分のライフプランみたいなものを一回書いてみましょう。いまの年齢をスタート地点として、何歳で就職して、定年はだいたい何歳で。いつまで働くか、何歳まで生きるかな、と。そうやって一回書いてみると、本当にびっくりするくらい人生は長いことに気づきます。

最近では「人生、百年時代」と言われています。わたしは、いま六四歳ですが、それでも平均寿命だけ生きてもあと二十年。そう考えると人生は本当に長い。だから、たぶん、皆さんにもきっと、いろいろなことがあるでしょう。

そして、人生が長い分、大学で勉強したことだけで、ずっと最後まで生きていくことはできなくなってきています。ずっと勉強を続けたり、やり直したりということが、とても大事になってきていて、これからは人生に何度もそういう「学び直し」が必要なステージが来ます。

昔の人は、そういうステージを大学卒業後に、就職して働くということを通して一つの組織で一回だけやって退職して、老後の生活をちょっと送って亡くなったのだけれど、これからはおそらく何度も、勉強して何かを身に着けて活躍して、また勉強してというようなことが求められていくと思います。

横浜国立大学の二神枝保《ふたがみしほ》教授の教科書に、彼女が作った図が載っています。それは「探索、トライアル、確立、熟達」、また「探索、トライアル、確立、熟達」と何度も繰り返して、人生を生きていくというものでした。

たぶん、職業も一つだけではないかもしれないし、働き方も変わっていくでしょう。

子育ての時代も、二十年から三十年しかないわけですから、もし仮に子どもを持ったとしても、人生はとても長くて、いろいろなステージが待っています。ずっと新しいことに、その都度、挑戦する。逆に言えば、つらい時には、しゃがんで停まってしまってもいい。やり直しをできる時間がたくさんあります。

つらくなったら自分を壊さないようにしゃがんだり、自分を抱きしめたり、立ち止まっていい。大事なのは、それでまた元気が戻ったら、そこからまた歩き出せばいいということです。

例えば、就職のときは、おそらく「人生の節目だ」と思うところがあると思います。そこはよく考えて、チャレンジしなければいけないけれど、それもたぶん、何度でもやり直しは利きます。

わたしの経験で言えば「これはつらい経験だ」とか「これは失敗だ」「これは不幸に襲われた」と思うことが、必ず後で次の幸運を呼び込むことにつながっていました。人生が長くなっている分、何度でもやり直して、次の幸運を呼び込めばいいのです。「失敗してしまった、もうダメだ」と、あきらめるのではなくて、失敗が次につながることがたくさんあるということを、心の片隅に置いておいてください。

若いときは簡単にあきらめてしまったり、目の前のことばかりに集中して、先があるという目を持てなくなることもあります。ときにはしゃがんでもいい。人生が長いので、何年かしゃがんでも、まだ何十年も残っているというのが今なのです。また、ゆっくり歩きはじめて、歩いているると結構遠くまで行けるなという感じを、この年になると実感できるようになりました。

違いを認めあい生きる

さて、ここからは、皆さんがこれから先の人生を歩んでいく中で、こころに止めておいていただきたい「共生」という言葉と、そしてこれから皆さんと一緒に築いていきたい「共生社会」について、それがどういうものか、なぜ必要か、どうしたら実現するかというお話をお伝えしていこうと思います。

共生とは「共に生きる」という意味です。

この「共生」という文字を使う言葉を挙げてみると、地域住民や地域のさまざまな主体が、よりよい地域となるために共に協力していこうとする「地域共生」や、文化の異なる人たちが互いを受け入れて共に栄えていこうという「異文化共生」といった言葉があります。

共通しているのは、地域が違っても、文化が異なっても互いを認めあい、尊重して協力して生きていくということです。

例えば、身体に障害があってもなくても、性的少数者といわれるLGBT(6)であってもなくても、さまざまな人々が、支える人と支えられる人に分かれることなく、誰もが相互に尊重しあい、支えあい、多様な有りようをお互いに認めあう、そんな社会を目指そうというものです。

自分と違う人と、どう接していいかわからないこともあるでしょう。感じていること・考えていることと、実際に行動できることとは違うというような戸惑いもあると思います。

では、自分とは異なる人と接する、初めの一歩は、どうしたらいいでしょう。

〈用語解説〉

（6） LGBT　LESBIAN「レズビアン・女性同性愛者」、GAY「ゲイ・男性同性愛者」、BISEXUAL「バイセクシュアル・両性愛者」、TRANSGENDER「トランスジェンダー・性別越境者」。これらの四つの文字の頭文字を並べた言葉。セクシャルマイノリティ・性的少数者を表します。

異なる人と接する最良の方法は「慣れ」

わたしは厚生労働省で「働くということについての仕事」をする中で、多くの障害者の方に会ってきました。そこで学んだのは、まず、障害者への接し方について、自分とは違う人に接して臆したり、気を使い過ぎたりせずに、自然にいられるようになる最良の方法は「慣れる」ということでした。わたしが厚生労働省に入って、まだ一年目で業務指導課に入った時に、わたしの直属の上司（＝上席係員）は三年目の先輩でした。その人は、ポリオという病気が原因で障害がありました。

手足が若干不自由で少し言葉の聞き取りにくさもありました。とても頭のいい人で、わたしは面倒をよくみてもらって仕事を教わり、大阪人なのでとても面白い人で、よく一緒に飲みにも行きました。そんな風に、何の問題もなく一緒に働いていたのです。

ある時、職場でカラオケに行くことになりました。カラオケでは「みんな、歌え、歌え」となって。どうしてそうなったのかは覚えていませんが、彼が歌うことになりました。すると、周りの何人かが慌ててわたしの袖を引っ張って「おい、村木さん、代わりに歌ってやれ」と言うのです。わたしは彼らがなぜそんなことを言うのか、まったく意味がわかりませんでした。

障害があることを含めて、わたしにとって彼の存在はあまりにも当たり前になっていましたし、もちろん、言葉が不自由なので歌詞ははっきりしないでしょうし、音痴だということも知っていたので、うまい歌にはならないでしょう。それでも、一緒に笑いながら楽しく歌って聴いて、きっと何の問題もないと、わたしにはわかっていたのです。ところが、真顔で必死になって止める人が何人かいるのを見て「ああそうか、この人たちには『うまく歌えないのに歌わせたら、本人が困るだろう、傷つくだろう』と、そう見えているのだ」と気づいたのです。

「では、わたしにはなぜ、そう見えないのか」と言ったら、「ああ、慣れだな」と気づきました。彼に不自由なことがあっても、一緒に働きながら、わたしの方がその不自由さに慣れて受け入れて認めていましたから。最後は「慣れることが一番いい」のだとわかりました。

わたしの娘も、発達障害の子とクラスが一緒になったおかげで、そういう障害のことがある程度、直感的にわかっているようです。次にそういう人に会った時も「あ、〇〇ちゃんと同じタイプの子だ。わかった、わかった。じゃあ、きっと同じことを繰り返し言うけれど、別に気にしなければいいんだね」という具合に対応できる。だから、〝慣れ〟が一番大事だと思います。

でも、慣れるまでの、最初の入り口をどうしたらよいかというのは、実はわたしにもはっきりとはわかりません。初めて出会ったとき、その最初の一歩では、やはり「怖い」とか「どう対応したらいいか、わからない」といった気持ちを抱くのは仕方ないと思います。

一つ、そういう時にハードルを下げられる方法があります。それはあいさつです。「おはよう」「こんにちは」。こうした当たり前のあいさつから、会話を始めてはどうでしょう。それ以上のことが何も言えなくても、当たり前のあいさつは最初の一歩になります。そして、気持ちの持ち方としては「別に、その人を好きにならなくてもいい」ということです。好きになって親切にしなければいけないとか、障害がある人は皆いい人だというような、押し付けられたイメージにとらわれる必要はありません。

障害があろうとなかろうと、いい人もいれば、そうでない人もいます。出会ったその人に障害があったとしても、いい人だったら好きになればいいし、イヤだったら適当に距離を置けばいい。だから、「無理に好きにならなくていいのだ」と、当たり前のことだけれど、改めて自覚しておくとラクなのではないかと思います。

自分と異なる人との付き合い方は難しいものです。特に初めの一歩は、わたしもためらうことがあります。そして、そんな風に気後れしてしまう小さな自分を残念に思ったり、イヤになったり、後悔することもあるかもしれません。でも、不慣れなものに向き合うというのは、そうなりがちなのだと思います。

例えば、外国人に接するのも同じです。今はもう街中に海外から来た人がたくさんいて珍しくなく、怖いとも思わず、驚きもしませんが、わたしの子どもの頃は、肌の色や眼の色の違う人に会う機会など、めったにありませんでしたから、外国人は、子どもでも身体が固まってしまうような存在でした。それが少しずつ、驚くようなことではなくなっていきました。

慣れていないこと自体は仕方がないですし、障害のある人に聞いてみると、障害者に慣れていない人が慌てたり、困ったりすることには、彼らの方がもう慣れているわけです。

先日も、骨の発達の障害があって長時間歩けず、車いすを使っている人が、「実は、ときどき僕と同じ目線になるようにと、かがんで話をする人がいるんだけれど、あれがすごく気持ち悪くてイヤなんですよ」と話していました。また、別の車椅子利用者は「ときどき、どういう風にしたらいいか率直に尋ねてくる人がいる。どう話したらいいか、目線を合わせる方がいいかって。別に、どっちでもいいんだよね」と言っていました。

そんな風に気遣われることを嫌う人もいますし、障害者の方が肩の力が抜けていて、まったく気にしていないこともあります。ときには接し方で障害者に不愉快な思いをさせてしまうことがあるかもしれませんが、あとで仲良くなってみれば、そういうことは笑い話になります。慣れてしまえば何でもないことなのです。

二〇二〇年、コロナウイルスの影響で東京オリンピック＆パラリンピックは当初の予定から開催時期が延期になりましたが、東京パラリンピック開催に合わせて、衛星放送事業者のＷＯＷＯＷが国際パラリンピック委員会（ＩＰＣ）と共同で「パラリンピックドキュメンタリーシリーズＷＨＯ　Ｉ　ＩＭ（これがわたしだ！）」という、パラアスリートたちのスポーツドキュメント映像を制作しました。

この映像の制作は東京パラリンピック開催予定だった二〇二〇年の、五年前からスタートし、さまざまなスポーツの第一線で活躍しているパラリンピックのアスリートを一人一本ずつ、各一時間ほどの映像にまとめています。そのプロデューサーが「最初は、障害者のドキュメンタリーということで迷いも抵抗もあったけれど、やっていくうちに、感じていたバリアは自分の中にあったと気づき、取材の面白さと、パラリンピアンの素晴らしさに目覚めた」と話しています。

そうやって、たくさん見たり慣れたりしていくことで、自分の中にあるバリアは少しずつ消えていくのではないかと思います。この映像はＷＯＷＯＷのＷＥＢサイト上で無料で配信され、さまざまな賞を受賞しています。ぜひご覧になってみてください（視聴には会員登録が必要です）。

そういえば、障害者という言葉で「害」という漢字を使うのはよくないのではないかと言って、内閣府の会議で「変えた方がいいのではないか」という提案が出たときに、当事者の障害者の皆さんのほとんどが「どっちでもいいよ」「それよりもっと大事なことがあるでしょう」という反応をしていたのを思い出します。

第四章　障害のある人が働くということ

誰もが力を発揮できる環境を整える

さて、わたしが取り組んできた仕事のお話を少しお伝えします。

わたしは一九七八年に労働省に入省し、人が働くということをお手伝いする仕事に取り組み、二十年ほど経って、一九九七年に障害者雇用対策課長になりました。でも実は、この時、とても不安を感じていました。

なぜなら、それまでのわたしは、障害を持つ人にあまり接したことがなく、対面したらきっと、「こんなことを言ったら差別になるのではないか」、「こういう言い方をしたら誤解されてしまうのではないか」と、余計なことばかり考えてしまいそうだったからです。

そんなわたしを救ってくれたのは、障害のある人をたくさん雇っている会社の社長さんでした。

その社長さんはこう言いました。

「とにかく、社員一人ひとりのよいところを探して、そのよいところを思い切り発揮できるように仕事の環境を整える。そして会社に貢献してもらう。これが社長の仕事。社員のよいところを引き出すのだと考えれば、障害があるかないかなんて関係ない。みんな社員なのだから」。

その言葉を聞いて、わたしは初めて気付いたのです。

「ああ、そうだった。わたしはこれまで二十年も、働く人のための仕事をやってきたのだ。障害があろうとなかろうと、どういう環境だったら働きやすいか、働く人はどういうことを望んでいるか。それを考えることだったら、今までずっとやってきた仕事と何も変わらない。それならわたしにもできるだろう」と、やっと、そこで気が付いて、それから自由な気持ちで仕事ができるようになりました。

その時の障害者雇用の仕事は、たった二年間でしたが本当に楽しかった。そして、その仕事が終わって数年経って、役所の合併で労働省から厚生労働省に変わり、今度は障害者福祉の仕事を担当することになりました。障害者のくらしや仕事を支援する仕事です。

福祉の担当を始めて最初に驚いたのは、障害者福祉施設と呼ばれる障害者を支援する施設にいる障害者の人たちが、わたしがそれまでに見てきた企業で働いている障害者の人たちに比べて、その障害の程度が軽いように見えたことでした。

「もっと重い障害の人たちが企業で働いているのに、なぜ、こんなに障害の軽い人たちがここにいて、働いていないのだろう?」と思いました。

それでも、当時のわたしは福祉の素人でしたから、障害者団体の役員で、障害のあるお子さんを持つお父さんに、こっそり聞いてみました。

「なんだか、障害が軽そうな人が福祉施設にいて、あの人たちはきっと働けるのではないかと思うのですが……」。そうしたら、そのお父さんは「実は僕は、福祉施設にいる人の内、九割は働けると思っています。でも、僕がそう言ったら、みんなにホラ吹きだと思われるので、人には、五割は働けると言っています」と言いました。

「ああ、やっぱりそうなんだ、ここにいる人たちは、きっと、みんな働けるのだ」と思って、当時、やっと福祉政策も働くことを応援する方向になっていたので、「障害があっても、訓練していけば、いずれ働けるようになりますよ」と、一生懸命説明しました。

とりわけわたしが、それを一生懸命言えたのは、ある工場の見学で見た光景があったからです。それは、秋田県能代市で自動車部品のパッキン（管の継ぎ目などに当てて液体や気体が漏れるのを防ぐもの）を作っている中小企業です。そこの製品はとても性能がよく、主として海外の高級自動車メーカーに輸出されていました。

そこの社長さんに案内されて事業所の中を見学していくと、大きな機械が何台も置いてあり、作業をしている人たちが、ひとり一台ずつ機械を操作しています。そこで、社長さんが「村木さん、後ろから見て、どの人が障害のある人で、どの人がそうでないかわかりますか？」とわたしに尋ねました。「いいえ、わかりません」と答えると、「そうでしょう？」と社長さんはニコニコ笑っています。

工場の中を見ながら、どんどん奥に入っていって、最後の部屋に行き着きました。そこには、コンクリートの床の真ん中ぐらいに、ちょうど、教壇の高さぐらいでしょうか、畳三畳分ぐらいの高い床がしつらえてありました。工場なのに、そこには畳が敷いてあったのです。そして、そこに白いランニングシャツを着た若い男の子があぐらをかいて座っていました。膝の間にはザルがあり、なんと、その子はグリーンピース豆の皮を剥いていたのです。

その光景を見て、わたしは黙って社長さんの顔を見ました。「これは何ですか？　どうして彼は、豆の皮むきをしているのですか？」という顔をして。

そこで社長さんは「彼は今年入った新入社員です。彼もいずれ、さっき村木さんが見た、どの人が障害者か、わからないような仕事をするようになります」と言ったのです。

ああ、そうか、初めは豆の皮むきしかできなくても、訓練を積み重ねれば機械の操作もできるようになり、いずれみんなしっかり働けるようになるのだ。

社長さんの言葉に、わたしは何だかとても勇気をもらって、そしてその後、福祉の関係者や、特別支援学校高等部の保護者の会でも、「障害のある人も訓練を重ねていけば働けるようになりますよ」と、能代市の自動車部品メーカーさんで見てきた話を、一生懸命伝えました。

すると、その会議が終わって帰ろうとしている時に、お母さんの一人がわたしのところに来て「村木さん、今日の話をウチの子どもが小学校一年生の時に聞きたかったです」と言ったのです。

将来は仕事に就くことができるということを、早くから親が知っていたら、そのとき子どもの将来のためにできることは、変わっていたのかもしれない。

そこで初めてわたしは、ああ、労働や福祉や教育に取り組む側も、お父さんもお母さんも、皆が考えて、それを共有しないと、この問題は解決しないのだなと気付きました。

「アメリカで障害者になってよかった」という声

また、ちょうどその頃、山崎泰広さんという方の講演を聞く機会がありました。その講演で、山崎さんは「僕はアメリカで障害者になってよかったと思っています」と言われました。彼はスポーツをやっていたのですが、アメリカに留学して、脊椎を損傷して車椅子生活になったそうです。わたしがお会いした時には、もう日本に帰国していて、車椅子の輸入をする会社の社長さんになっていました。

山崎さんは、「アメリカで障害者になってよかった」理由をこんな風に話してくれました。彼がけがをして手術を受けた翌日の朝、目覚めた時に、担当のドクターから、こう言われたそうです。「山崎さん、あなたはあなたの夢を変えなくてもよいです。でも、あなたの夢をかなえる方法と過程は変わります」と。

その後、山崎さんが日本に帰ると、日本の医者は当時は同じような状況にいる患者さんに対して「早く障害を受け入れなさい、あなたは今までのあなたではないのだから、あなたは自分の夢を見直しなさい」と言っているというのです。

「だから僕は、アメリカで障害者になってよかったと思うのです」。

そういう話をしながら、彼はいろいろなタイプの車椅子の写真を見せてくれました。その中でわたしが一番印象に残っているのは、「立てる車椅子」です。椅子なのに「立てる」というのはどういうことかというと、椅子の座る部分がぐっと持ち上がって、身体の何カ所かを支えて保持し、「立った姿勢の状態を維持できる」という車椅子でした。

山崎さんは、「この車椅子は誰が何に使うと思いますか?」と問いかけ、実は、歯医者さんや理容師・美容師さんなどの立ち仕事の多い人が職場で使う車椅子だと説明してくれました。

日本では、脊椎損傷で立てない、歩けないとなって車椅子を利用している人が、立ち仕事の多い歯医者として、理容師・美容師として働くとは、あまり考えないでしょう。でも、その仕事をするための車椅子というのを見せてもらって、わたしは本当にビックリしました。

同じような心身の障害を負っていても、それをサポートする機器や制度があるかないかによって、その人のできる活動は変わり、さらにはモノの考え方も変わります。

その車椅子は、日本でも作ろうと思えば作れるでしょう。でも、そもそも、立てないという障害のある人の中に、その障害を理由にあきらめさせるのではなく、そういう立ち仕事の多い職業に就きたい、続けたいと希望する人がいたらそれをかなえようという発想がないと、どんなに日本の技術が優れていても、そういう車椅子を作ろうとは誰も考えません。

社会が変われば障害者の社会参加は大きく変わる

障害者の周囲の家族や職場の人たちの、あるいは社会全体の考え方が変わることで、障害者の社会参加の仕方は大きく変わってきます。

「障害者が経験する社会的不利はそのひとの障害そのものに由来する個人の心身の機能の問題だとする考え方を医学モデル」と言い、「障害者が経験する社会的不利は社会の仕組みの問題だとする考え方を社会モデル」と言いますが、障害があるということについて、社会の側の責任がいかに大きいかということを、わたしはこの時、教えてもらいました。

こうして、わたしはますます「障害のある人が働けるように」、という取り組みを一生懸命やりたいと思うようになりました。実は二〇〇〇年ごろから段々と障害者が働くということが前に進むようになってきました。

在宅で十八歳から六四歳の労働生産年齢人口と呼ばれる年齢の、障害のある人は現在、およそ三百六十万人ほどいます。「雇用率が適用される企業[4]」は、障害者が何人働いているかがわかりますから、今それがちょうど五十万人ぐらいです。

他のデータを見ると、おそらく従業員数が五十人よりも小さい規模の企業に、従業員が五十人以上の企業とだいたい同じぐらいの人数の障害者が雇用されているのではないかと推測でき、そうなると、およそ百万人ほどの障害者が企業で働くようになったと言えます。

それに加えて、およそ三十数万人が福祉サービスの中で働くことの支援を受けています。その内訳は、就労移行支援事業[7]（三・二万人）、就労継続支援事業A型（六・六万人）、就労継続支援事業B型[8]（二二・四万人）。企業で働いている障害者と合わせると約百三十万人になります。それでも、働いている障害者は、いわゆる現役世代の障害者の総数の約三百六十二万人のうちの未だ半分にも満たない状況です。ここまできました。でもまだまだ。これが日本の障害者雇用分野の進捗度合いだろうと思っています。

障害者雇用率は〝宿題〟のようなもの

雇用の分野では障害者雇用促進法の障害者雇用率というものが政策の大きな柱になっています。これは、法律で企業が雇用する障害者の人数を「企業全体の雇用者数」に対して何％と定めているもので、雇用義務を課す分野というのは日本の社会の中で、障害だけです。わたしは、障害者雇用率というのは宿題だと思っています。

学校で出される宿題は、まだ「勉強が大事だ」とか、「勉強したい」という気持ちにはなっていなくても、宿題があるから勉強する。そうやって勉強していく中でだんだん自分のやりたいことや将来が見えてくると、今度は宿題がなくても自分で勉強するようになる。宿題が勉強のきっかけになります。

つまり、障害者雇用が当たり前になるための「きっかけ」が障害者雇用率ということです。この法律はまず身体障害者だけを対象として始まり、その後、知的障害者を加えて、さらに精神障害者も、と対象が広がりました。以前は、「身体障害者は働けるけど知的障害者は無理だよ」「知

〈用語解説〉

（7）**就労移行支援事業**　障害者総合支援法に基づく就労系の福祉サービスの一つ。一般企業等での就労に移行することを目標に、原則、最大二年間で、就職を希望する障害者にさまざまな訓練や支援を提供する通所型のサービスです。

（8）**障害者就労継続支援事業A型・B型**　障害者総合支援法に基づく就労系の福祉サービスの類型。一般企業等で雇用されることが困難な障害者を対象にさまざまな配慮の下、働く機会を提供する障害者福祉施設です。A型では雇用契約が交わされるので最低賃金法の適用があり、平均賃金は月額七万六千八百八十二円ですが、B型は雇用契約の下で働くことが困難な障害者が対象となり平均工賃は月額一万六千百十八円です（平成三十年　厚生労働省）。

解説

［4］**雇用率が適用される企業**　障害者雇用促進法によって従業員が一定数以上の規模の事業主は、従業員に占める身体障害者・知的障害者・精神障害者の割合を「法定雇用率」以上にする義務が定められています。これが障害者雇用率制度です。民間企業の障害者の法定雇用率は二〇二二年三月時点で二・三％。従業員を四三・五人以上雇用している企業は障害者を一人以上雇用しなければなりません。その雇用数は役所に報告されるので、ここから従業員を四三・五人以上雇用している企業で働いている障害者数がわかるわけです。

的障害者までは何とかなるけど精神障害者は無理だよ」と、本気で言っていました。その常識がどんどん変わってきています。常識が変わる瞬間というのがあるわけです。わたし自身、常識が変わる瞬間は「ここだ、これだ」と言えないのですが、それでも、最もよいきっかけは、実際に実例を見ることだろうなと思っています。

わたしは二〇一五年に退職し、すでに五年が経ちました。障害者雇用対策課長だったのは今から二十数年前で、知的障害者の雇用が義務化された頃です。知的障害の人が働くなんて無理だとほとんどの人が真面目に信じていた頃に、新しい制度が始まりました。その時に作ったのがトライアル雇用です。

トライアル雇用とは、公共職業安定所（ハローワーク）の紹介によって、原則三か月という短期間の試用期間で企業が求職者を雇用し、お互いに適性を判断した後、合意すれば本採用が決まる制度です。当時、トライアル雇用は一か月のインターンシップと三か月のお試し雇用の組み合わせでスタートしました。その当時、障害者の就労について関心を持っていた方はおそらくご存知だと思いますが、実はこの制度を作った時に、ハローワークの職員はこの制度に懸念を持ち、積極的に進めることをためらっていました。

ハローワークの職員がなぜ？　そう思われるかもしれません。その理由はこうです。

「トライアル雇用に障害者をあっせんすることはできない。なぜなら、わたしたちの仕事は障害者が一生安心して暮らせる、安心して働ける職場をあっせんすることだからです。試用の三か月で首を切られる仕事をあっせんすることはできません」と言うのです。

その時に助けてくれたのは経済界の人たちでした。「僕らが障害者をトライアル雇用で雇ってくれる職場を探そう。そして、できるだけ雇用が長続きするようにやってみよう」と言って、ハローワークの代わりに、企業の人たちがトライアル雇用にチャレンジしてくれる企業を一生懸命探してくれたのです。

その結果、どうなったかというと、トライアル雇用に臨んだ障害者全体の九十%近い障害者が三か月間のトライアル雇用の後で本契約に移りました。三か月の間で十分に力を発揮できた人もいましたし、これから後、まだまだ伸びる余地があることを評価された人もいましたし、まじめな勤務態度が職場全体に与えるよい影響を評価された人もいて、「これなら半年後、一年後にはそれなりの成果を出せるようになっているだろう」と思ってくれた企業が多かったのです。

こうした情勢を見たハローワークの職員が積極的に動き出し、この制度は広まっていきました。そしてトライアル雇用という制度は、障害者だけでなく、いろいろな分野に広がっていくことになります。実際にやってみる、上手くいく実例が出てくる、それを自分の目で確かめる。ということがどれだけ大事か、わたしはこの時に実感しました。

就労移行支援事業と就労継続支援をつくる

今（二〇一九年時点）、本当にありがたいことに障害者雇用はどんどん伸びています。福祉も、どんどん就労支援する方向に動いています。

ここで、障害者自立支援法ができた二〇〇六年当時の議論で、皆さんにご紹介したいことがあります。それまでも障害者福祉制度の下で支援従事者は、授産施設や作業所で障害者の就労支援に取り組んできましたが、彼らから「これでは、だめだ。こんな福祉ではだめだ」という声が挙がりました。当時、彼らはその理由として三つのことを言っていました。

一つ目は、「福祉と企業の相互の通路が必要だ」ということ。

当時は、障害のある人が学校を卒業して最初に叩く門が、福祉の門（障害者福祉施設）なのか、ハローワークの門（一般企業への就職をあっせんする相談窓口）なのかによって、その後の一生が決まってしまうと言われていました。

要するに「どちらに行くのが適しているか」によって、本人がじっくり検討して選択するのではなく、たまたまどちらとめぐり会うかでその後の運命が決まってしまうということです。

また、「最初は福祉へ行ったけれど、力が付いたから企業」「企業へ行ったのだけれど体力が落ちたから福祉へ」という相互の通路が全くない、というわけです。

二つ目として、「永遠の訓練はおかしい」と言われました。

当時、授産施設(9)などの福祉施設は、障害のある人が働く能力を身に付けるための場所だと言われていましたが、実は、そこからどこにも行けませんでした。永遠の訓練はおかしい。訓練と言うからには決まった期間があって、卒業して、次のステップに行けるはずだ、と言われたのです。

三つ目は、「働く場と言いながら、なぜ障害者には最低賃金も労働災害保険も適用されないのか」と言われました。

こうしたことを踏まえて、二〇〇六年の障害者自立支援法施行後は、一般企業への就職に必要なスキルを身に付けるための就労移行支援事業という福祉のサービスを作りました。二年、最長でも三年経ったら一般の就労へ移っていくというサービスです。

また、現時点（二〇一九年）では一般企業への就職が不安、あるいは困難な人を対象として、働く場として就労継続支援事業A型というサービスを作りました。こちらは労働基準法や最低賃金法などの労働法規が適用され、雇用契約が交わされます。

障害者の就労を支援する施設は、一般企業における雇用への移行を目指す就労移行支援事業と、障害者福祉施設であっても労働法規が適用される就労継続支援事業A型の二種類でスッキリと整

〈用語解説〉

（9）**授産施設**　障害者自立支援法が施行される前まで存在していた障害者福祉施設。働くことの支援を目的とする施設ではあったが、就職を目指す障害が軽度の人から、簡易な作業活動を行う障害の重い人までを一緒に支援していたため、一人ひとりの能力を十分に活かす仕事を提供できていないことも多く、また工賃も低かった。また、授産施設から一般企業での就労に移行する率は低かった。こうした状況を改善するため、障害者自立支援法の下で、就労移行支援事業、就労継続支援事業A型、就労継続支援事業B型という目的別の施設体系が誕生し、福祉施設から一般就労への移行が推進された。

理し、「労働」と見なすことが困難な作業活動は生活介護という別の施設体系に整理したかったのです。

しかし、もう一つ労働法規が適用されない就労継続支援事業B型を、あえて作ることにしたのは、とても印象的な出来事があったからです。いろいろな理屈はわかった。でも、就労移行支援事業と就労継続支援事業A型という理想的な就労支援の形態だけしかないということになると、どちらも選択しない障害者は生活介護になってしまう。

もちろん、生活介護を受ける場所で働くこともでき、工賃をもらうこともできるというルールなのですが、「毎日自分が通っていく場所に掛っている看板が『介護』だということは耐え難い。自分が毎日通っていく場所には働く場所だという看板が掛かっていてほしい」という意見が出て、人にとって、働くということの意味や価値はこれほど大きいのかということを、わたしはこの時、深く実感しました。そして、それまであった従来型の福祉に近い、就労継続支援事業B型というサービスを作ったのです。

現在、働くことを応援する福祉の体系はこうした形です。しかし、これが最終形・完成形であるとは思っていません。これからもどんどん変えていきたいと思っているのですが、実は、そのための最良の薬というのは、企業が働ける障害者をどんどん雇ってくれることです。そうなれば、障害程度の重い人の「働く」をどう応援するかという本来の課題が福祉側に残るということになる、と思っています。

障害者基本法の改正

いずれにしても、わたしは迷いながら公務員として「障害のある人が働く」という課題に取り組んできて、働くことがいかに大切かということを勉強してきました。その最後の一押しが障害者基本法の改正だったと思います。二〇一一年にこの法律が変わる時に、わたしは内閣府でその担当部署にいました。そこで、こんな出来事がありました。

この障害者基本法の目的規定には「障害者の福祉の増進」と書いてありました。「障害者の福祉の増進」はこの法律の大きな目的であるため、この言葉は各条文にたびたび登場するのですが、法改正の議論に参画した障害者の人たちが「この言葉を全てこの法律から消してしまいたい」と言いはじめたのです。

「一体なぜ？　福祉の増進という目的は間違っていますか？」と尋ねると、「いいえ、間違ってはいません。間違ってはいないけれど、福祉の増進、福祉の増進……と言いつづけることによって、『ああ、障害者の人たちは福祉のお世話になって生きている人たちなのね』というイメージが強くなって、障害のある人も、共にこの社会を支える仲間であるという大事なことが忘れ去られてしまうかもしれない。だからこの言葉を全部削りたい」と言うのです。

最初、皆びっくりして、削除には大反対だったのですが、そのうちに説得されて、「共生」という理念を中心にした「共に生きる、共にこの社会を支える仲間」という、彼らの言った言葉をメインに、法律の文面を全部書き換えることにしました。この時に「共に社会を支える仲間」という言葉がわたしの中で一つのキーワードになりました。

実際に「福祉の増進」という言葉をやめて、「共生」という理念を中心に置き換えた後の、障害者基本法の目的規定文をここに引用します。

冒頭の第一条から三条の三つの条文にそれぞれ「共生」という言葉が出てきます。実際の障害者基本法の第一条（目的）には、こう書かれています。

◆障害者基本法の目的規定文

第一条　この法律は、全ての国民が、障害の有無にかかわらず、等しく基本的人権を享有するかけがえのない個人として尊重されるものであるとの理念にのっとり、全ての国民が、障害の有無によって分け隔てられることなく、相互に人格と個性を尊重し合いながら共生する社会を実現するため、障害者の自立及び社会参加の支援等のための施策に関し、基本原則を定め、及び国、地方公共団体等の責務を明らかにするとともに、障害者の自立及び社会参加の支援等のための施策の基本となる事項を定めること等により、障害者の自立及び社会参加の支援等のための施策を総合的かつ計画的に推進することを目的とする。

農業と福祉が合体するとどうなるか

障害者の雇用や福祉を考えるとき、どうしても「ハンディのある人を助けてあげる」と、とらえがちですが、最近では、共に社会を支える仲間として彼らを迎えることの価値や面白さが認識されてきています。

農福（＝農業と福祉）の分野での例をお伝えしましょう。農業と福祉が出会って合体するとどうなるかというお話です。

静岡県浜松市の、ある農家が障害者を雇いはじめました。障害者の自立を目的とする特別支援学校の先生が「お宅で障害者を雇えませんか」と農家を訪ねてきたのが発端だったそうです。

当初、この農家は障害者を雇うことについて「いやいや、それは無理ですよ、農業は厳しくて難しい仕事です。試しに先生、この野菜の苗の植え付けをやってごらんなさい」と、小さな苗を畑に一列に並べて植える作業を先生にやらせたら、先生にはそれができませんでした。「ほら、難しいでしょう」と言って、その農家さんは先生を追い返します。先生も「難しいですね、やっぱり」と言って、帰っていきました。

でも、その先生はあきらめたわけではありませんでした。一週間ほど後に、下敷きを一枚持って、再び農家を訪ねたのです。

「この下敷きを使って、もう一回、この間の作業をやらせてもらえませんか」。

その先生は下敷きを治具《じぐ》（部品や工具の作業位置を指示・誘導するために用いる器具のこと。主に機械加工などで用いられる）として使って、小さな苗を一列に並べて植える作業を見事にやってみせたのです。農家さんもそれを見て驚きました。

そんな時に偶然が重なって、障害を持つお子さんのお母さんがその農家にやってきたそうです。「うちの息子をここで働かせてください。お給料はいりません」と言ってきた。農家はその言葉に驚き、「働く」ということの大切さを再認識します。そして「とにかく試しに一人雇ってみよう」と言って、一人を雇いはじめます。

その結果、この京丸園という農家はその後、障害のある人を毎年一人ずつ雇って増やしていったそうです。京丸園の人は「農業に対する考え方が大きく変わった」と話していました。「農業は難しい、農業には経験が必要だとずっと思ってきたが、農業を誰でも作業できるようにしようと考えが変わっていった」と言うのです。誰もが参加できるという意味での「ユニバーサル農業」という考え方がここで生まれたといいます。

こうして雇った障害のある人たちの働きぶりがとてもよかったため、やがて京丸園はＣＴＣというＩＴ関係の企業の特例子会社「ひなり」さんにも作業を委託して障害のある人にさらにたくさん働いてもらうようになりました。面白いのは、「ひなり」さんと「京丸園」さんのやり取りです。

京丸園では、ハウス栽培でチンゲンサイを作っていますが、「ひなり」さんから「労働環境が悪いので改善してくださいい。このハウスの中は暑くて働きにくいです」と言ってきました。京丸園さんは「いやいや、ハウスの中が暑いのは当たり前です」と答えたけれど、「ひなり」さんは譲りません。

「そうは言っても、働く人の労働環境、健康管理は会社の責任ですから、改善してもらわないと困ります」。双方、相当なやり取りの結果、京丸園が折れて、ハウス内にミスト（微小な水の粒子を散布する装置）を入れることになりました。

さて、ミスト導入で何が起こったかというと、そこで働く人間だけでなく、栽培されている野菜にもこれが気持ちよかった。成長が早くなり、一年間に十二回収穫していたチンゲンサイが十三回収穫できるようになり、あっという間にミスト導入の元を取ったのです。

そして次は、野菜を洗って根を切って袋詰めする作業です。それまではハウスの中でやっていたので暑い。ここでも「ひなり」さんから「冷暖房完備の作業場を作ってください」という要望が出ます。そこで、冷暖房の光熱費を節約するため、小さくてコンパクトな作業場を作ったら、なんと、野菜の袋詰めにかかっていた作業時間が半分になった！

それまでは広いハウスの中での作業だったため、歩いて移動するのに時間がかかっていたのでした。小さな作業場内は移動に時間がかからない分、効率的に仕事ができるようになりました。

人手もあるので付加価値の高いものを作れます。そうして周りの休耕地をどんどん取り入れていき、大規模な農業経営に成長していきました。

この京丸園のある浜松市が優れているところは、こうしたノウハウをみんなで共有し、これと同じことを周りの若い農業経営者が始めたことです。若い人は新しいことに対する反応が早い。「うちへも障害者の人に働きに来てもらおうよ」と言って、施設からも来てもらう、特例子会社からも来てもらう、自分のところでも雇うという風にして、大規模経営に取り組む若い農家がいくつもここにできました。わたしは「ひなり」さんが障害者を派遣している農家を見学して回ったのですが、どこに行っても「もっと障害者の働き手をうちに寄越して下さいね」という言葉に見送られて帰ってきました。

「生まれた町で働いて生きていく」

最近、企業の間では新しいもの、異なるものが出会って、反応して変わっていく「トランスフォーメーション（変革、変形、変換、転換）」という言葉が流行っていますが、トランスフォームするためにはやっぱり引き金が必要です。実はそれが、障害を持つ人であり、あるいは少し前だと、女性参入でした。ダイバーシティ（多様性）が、トランスフォームの引き金になっているのだと思います。

もう一つ、北海道・十勝平野の真ん中にある芽室《めむろ》町の取り組みをご紹介します。ここは、どの農家も経営規模が非常に大きく、ご紹介する農家の土地は約三ヘクタール。これは東京ドームの面積の六割四分くらいと、結構な広さの農家です。

この芽室町には合い言葉があります。「芽室という自分たちの生まれた町で、わたしたちは働いて生きていく」。わたしはこの言葉に胸を打たれました。

これまで、芽室という町で障害を持って生まれたら、芽室町の中には働く場所がなかったそうです。だからこそ、この言葉には「自分が生まれた町で、自分が育った町で働いて生きていくことができるようにしたい」という強い意志が感じられます。

芽室町には障害者就労継続支援事業A型で、定員二十人の事業所、九神ファームめむろがあります。自治体の芽室町が中心になって、愛媛県に本社があり、西日本を中心に惣菜の製造・販売を行うクックチャムという企業の出資によって二〇一三年に操業を始めた事業所です。

クックチャムは、惣菜を店頭で調理して販売しています。そのため、惣菜作りに必要な食材と調味料をそろえて出荷する必要があり、障害者就労継続支援A型事業所の仕事はジャガイモやカボチャなどの野菜を栽培する農業生産と、店頭で調理する直前までの加工を事前に行う付加価値の高い仕事です。

ここはレストランも自分たちで持っています。いわゆる六次産業化ですね。付加価値が高いので、障害者就労継続支援事業A型ですが月給は十三万円と高額です

この事業所では、二〇一三年の設立当初の従業員、十人の内、九人はすでにここから一般雇用に移っています（二〇一九年時点）。非常に印象深かったのは「誰かが卒業すると、（定員に空きができて）後輩が入ってこられるね」と、彼ら自身がはっきりと言うことです。実際にそうなって、

二十人の障害者就労継続支援事業A型一つで町全体の障害者雇用が回っています。福祉施設をどんどん増やすのではなく、一般就労に送り出すことできれいに循環ができている例です。

いずれは、年を取った人が帰って来られる場にすると障害者就労継続支援事業A型事業所の九神ファームは言っています。これだけではなくて、トランスフォームという点では、クックチャムは関西を中心にした人気のお惣菜店ですが、北海道からこうやって材料を仕入れることで、実は、クックチャムのお惣菜店舗の北海道進出が決まりました。

こうやって新たに、障害を持つ人が入ってくることで、会社全体や社会を変えていく力になっていく。こういうことがこれからどんどん起こっていくのだろうと思っています。

障害者が会社や社会を変える力になっていく

ダイバーシティの重要さは、株式会社経営共創基盤CEOの冨山和彦さんの言葉を借りると新しい人を迎えることにあります。変化から逃げたり、変化の必要性を感じなかったりして、「村の空気のガバナンス」、つまり、あうんの呼吸でわかりあえるメンバーだけで物事を動かしていくことにはリスクがあり、それを防いでくれるのが新しい人だというのです。

わたしは、その代表例が障害のある人だと思います。そして、多様性があれば変化に強いとも言われています。これからの障害のある人の問題というのは、こういうメリットをたくさん持っている。そこがこれからもっと、表に出てくるようになるだろうと、わたし自身は期待しています。

そして実は、こういう風に出番を待っている人は障害のある人たちだけではありません。引きこもりであったり、高齢の人だったり、あるいは刑務所を出た人だったり、いろいろな人たちが自分たちも共に社会を支える仲間である、そうありたいと実は思っています。

二〇一四年に初めて登場した言葉があります。包摂的成長《ほうせつてき》です。包摂とは、一定の範囲の中に包み込むことを意味します。

二〇〇八年のリーマンショックの後、どの国も回復に大変苦労し、さまざまな国がいろいろなことをやった中で、やっと見えてきた真実、事実があります。それは何でしょう。

障害がある人や、女性といったさまざまな人たちを社会の支え手として取り込み、巻き込んでいった国、つまり包摂していった国の経済成長だけが長続きをした、ということです。

二〇一四年のオーストラリア・メルボルンで開かれたG20の会合で、このステートメントが出されて、わたしはものすごく感激しました。そして、この言葉に感激したのは、どうもわたしだけではなかったようです。その後、二〇一五年のトルコ「包摂的成長・大きすぎる格差は成長の足を引っ張る」、二〇一六年の中国「包摂的成長・イノベーション」、二〇一七年のドイツ「包摂的成長・誰も取り残さない」、そして二〇一八年のアルゼンチン「包摂的で公正かつ持続可能な仕事の未来」と、このG20の雇用労働大臣会合のテーマに包摂的成長という言葉が続きました。

包摂的成長が必要であり、大き過ぎる格差は成長の足を引っ張る、そしてSDGs（エスディージーズ、持続可能な開発目標）は誰も取り残さない。こうした一貫した世界の流れがあります。格差が拡大しているこの社会の中で大事なキーワードは「包摂的な成長」。そして格差をそのままにしておかないことだというのは今や世界の常識です。

日本はなおさらです。少子化がどんどん進んでいます。人口はどんどん減って、とりわけ働き手が減っていきます。一方で社会保障はどんどん大きくなって、国の財政赤字がどんどん大きくなる。これが日本の現状です。

二〇一二年に、国の財政が大きな赤字の中、支出を減らして収入を増やす、すなわち、消費税増税と社会保障の合理化・重点化をやりました。これは苦しい改革です。よく言われる、痛みを伴う改革です。企業も同じでした。徹底的にコストカットを行い、労働分配率(10)を抑えて、やはり痛みを伴う厳しい改革をやって、この困難を切り抜けようとしてきたのが平成の時代です。

でも、令和になって、少し違う動きが出てきました。痛みを伴う改革も大事だけれど、前向きの改革はできないだろうか。社会保障費がどんどん膨らむ。増税もいいけれど、限界があるだろう。もう一つ、やり方がある。それは「税金や社会保険料を納められる働ける人を増やすこと」。

そして「企業の経済活動が、より創造的で付加価値の高い活動に移っていくこと」。こういうことが言われるようになりました。

働く人を増やすこと

これからは本当に変化が速い。今というこの瞬間は今までで一番変化の速い瞬間ですが、将来に目を向ければ、おそらく今が一番ゆっくりだということ。これからもっと変化のスピードが速くなる。とりわけ、大きいのは科学技術の進展、ＡＩなどの進化です。これがこれからの社会の大きな流れです。さあ、日本は生き残れるか。

ここで、皆さんに元気の出るデータをお見せしたいと思います。

この二十年間、日本は経済成長で言えば劣等生でした。これからどんどん技術が変わっていく中で日本は生き残れるでしょうか。現在、人々がやっている仕事のうち多くの仕事が技術革新でなくなっていくと言われています。日本はこの新しい時代に非常にアドバンテージがあるといいます。なぜか。日本は米国やユーロ圏、ＯＥＣＤ各国に比べて失業率が低いということが挙げられます（図４－１）。

つまり、大量の人が失業することを恐れずに新しい技術を取り入れられるということです。これは日本のすごく大きなアドバンテージです。特に、若い人の失業が少ないというのは日本の強

〈用語解説〉

（10）**労働分配率**　企業が生んだ付加価値（利益）が、どのくらい人件費として労働者に支払われているかを示す割合をいう。人件費÷付加価値×一〇〇で求める。

図 4-1　失業率の国際比較（2008〜17 年）

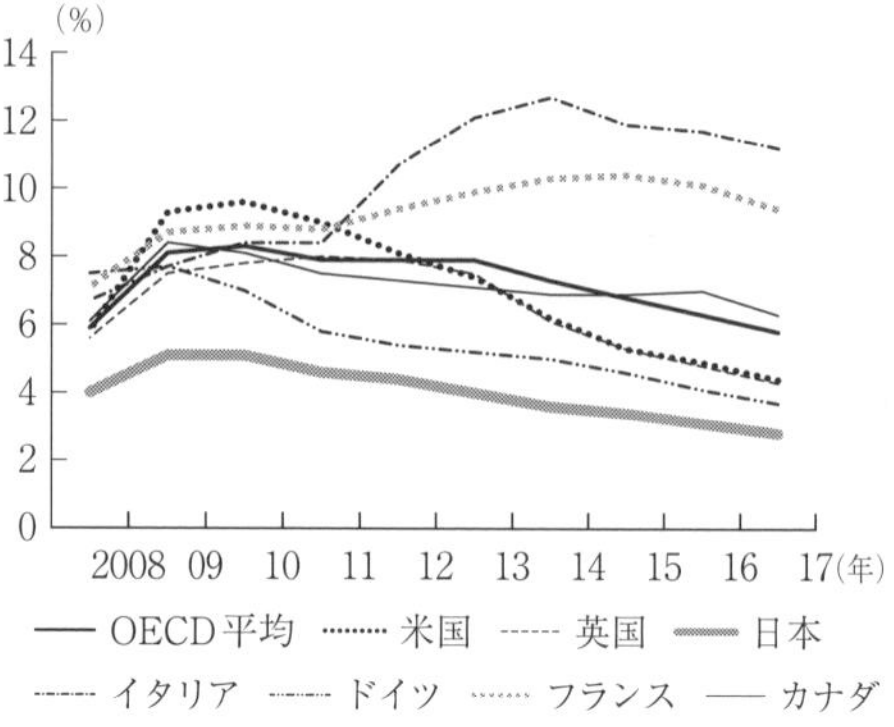

資料出所：OECD. stat をもとに厚生労働省労働政策担当参事官室にて作成。

みになるでしょう。そして、ＡＩが入った時にそれでもなお、ＡＩに置き換えられない能力とされている「読解力」や「数的思考力」は、大人に関してはＯＥＣＤで日本はナンバーワンだという数字が出ています（図４－２）。これも大きな強みです。

異なるものとつながる力が足りない日本

一方で、日本から新しいものは生まれていない。なぜか。

ＯＥＣＤ加盟国の中で日本の技術力、人が持つスキルや能力は比較的高いと言われています。一方、ＯＥＣＤ加盟国の中で明らかに低く位置するのが、異なるものとつながる力なのです。国内の産官学（産業界と国や地方自治体等の行政機関と大学等の研究機関）のつながり、そして海外ともどうつながるか、異なるものとつながる力、これが日本の一番弱いところだというわけです。

ここを克服できれば日本は非常に強くなれると言われています。つまり、資質は充分ある。わたしたちがありとあらゆる意味でダイバーシティ（多様性）を実現することが、この国の今後につながっているということです。

そういう意味で、足元のダイバーシティ、そして組織全体としてのダイバーシティ、社会全体のダイバーシティを高めていくというのがこれからの課題だと思います。

働くことを通じた「共生社会づくり」に必要なこと

このダイバーシティの非常に大きな柱の一つ、障害がある人とどう共生をするかという問題について、特に、今回は「誰もが生き生きと暮らし、働ける共生社会」をテーマの一つとしている

図 4-2　成人力調査の結果

読解力		数的思考力	
点数	国名	点数	国名
296	日本	288	日本
288	フィンランド	282	フィンランド
284	オランダ	280	ベルギー
280	オーストラリア	280	オランダ
279	スウェーデン	279	スウェーデン
278	ノルウェー	278	ノルウェー
276	エストニア	278	デンマーク
275	ベルギー	276	スロベニア
274	チェコスロバキア	276	チェコスロバキア
274	スロベニア	275	オーストリア
273	カナダ	273	エストニア
273	OECD 平均	272	ドイツ
273	韓国	269	OECD 平均
272	英国	268	オーストラリア
271	デンマーク	265	カナダ
270	ドイツ	265	キプロス
270	米国	263	韓国
269	オーストリア	262	英国
269	キプロス	260	ポーランド
267	ポーランド	256	アイルランド
267	アイルランド	254	フランス
262	フランス	253	米国
252	スペイン	247	イタリア
250	イタリア	246	スペイン

出典：OECD 国際成人力調査（PIAAC）日本版報告書「調査結果の要約」https://www.nier.go.jp/04_kenkyu_annai/pdf/piaac_summary_2013.pdf より作成。

ので、二つのことをお伝えします。

以前、松本晃さんという日本では珍しく「プロの経営者」だと言われている方の講演を聞いたことがあります。松本さんは、ジョンソン・エンド・ジョンソンやカルビーといった大会社の社長や顧問職を歴任された後に、七十歳を超えてなお、新しい技術を利用した新会社を自ら設立して経営者として現在も活躍されている方です。その松本さんが、リーダー職の人に向けた講演で、若者が何を望んでいるか、自分の部下が何を望んでいるかという話をされていたのが、とても印象に残っています。

さて、皆さんは自分の仕事を選ぶ時に、何を基準に選ぶでしょうか。

松本さんは「若者が仕事に望む三つのこと」として、一つは、その仕事が社会に役に立つかどうか。二つ目はその仕事で自分が楽しく働けるか、ワクワクできるか。三つ目はその仕事で自分が成長できるかどうか。この三つを求めていると話されていました。

ここには「競争」という言葉は出てきません。皆に役立つ仕事で、誰かと比べての勝ち負けではなく、社会に役立ち、自分もワクワクできて、さらに成長できる。こういう仕事を若い人たちが望んでいる、若い人たちが働きたいと思う会社を作るために大事なことはこれだ、と聞いて、「ああ、わたしは間違っていなかったな」と、とても力付けられました。

もう一つ。全く違う分野の方ですが、ダイバーシティ（多様性）は大事なので、若い人の講演を聞いてみました。研究者であり、実業家でもあるメディアアーティストの落合陽一さんの講演でした。置かれている立場は全く違うのですが、彼の言葉にわたしは「これだ！」と思いました。

落合陽一さんは「僕が尊敬する人はエジソンと千利休だ」と言ったのです。きょとんとして皆が「なぜ?」と聞いたら、「経済を回す、何かを研究する、美学を完成させる、この三つを同時に実現したから」と答えていました。

これから何かをやっていく時に、特例子会社も、福祉の事業所も、経済的にちゃんと継続して回っていく事業ができなければ、安心できる雇用の場とは言えません。

そういう意味では、お金儲けのためにやっているのではないと言いながらでも、やはり経済を回すという当たり前のことができなければ意味がありません。

その上で、どういう職場がよいのか、どういう障害のある人にはどういう働き方をしてもらうと上手くいくのか、そういう一つひとつのことをきちんと研究をして積み重ねていってノウハウを作り出していく、これもとても大事です。そしてそれで生産性を上げるということも、やはり大切です。

最後にここにプラスアルファで、美学を完成させる。これは言い換えれば、本来のミッションを忘れない、とも言えますし、自分の価値観を譲らないと言ってもいいでしょう。美学はＡＩが一番苦手なものの一つらしいです。つまり、人間ならではのものです。

わたしたち人間がやっていくという意味で、経済を回す、そしてノウハウや、やり方をきちんと研究していく、そして美学を捨てず追及する、ということができたら本当に「働く」を通じた共生社会作りが完成するのかなと考えています。

第五章　「現場第一」はどこから生まれたのか

現場の実践から新しいものが生まれる

わたしは、周囲の方に「村木さんは現場主義ですね」「現場の話を聞いてくれるのがとてもありがたいです」「村木さんの現場第一の姿勢に勇気をもらっています」と言っていただくことがあります。

わたしが大学卒業後に入省した労働省は一九四七年に、当時の厚生省から分かれて新たに生まれた省庁です。わたしは入省以来ずっと「人が働く」ということに関わる仕事に携わってきました。仕事を見つけるための職業安定所（現在のハローワーク）から、労働条件の保障、労働時間の短縮、男女雇用機会均等法の定着、職場でのセクシャルハラスメント対策、高齢者や障害者の雇用対策、育児介護休業法など、さまざまな人たちが「働く」上で必要な施策や制度などの政策を推進するというものです。

周囲の方がわたしに「現場の声を聞いてくれるのがありがたい」と言ってくださった「現場」

というのは、新たな施策や制度などを必要としている人たちが実際に働いている職場や、困りごとを抱えている人たちがいる場所という意味です。

役所の机に向かって仕事をしているだけなく、働く人たちや困りごとを抱えている人がいる現場に足を運んで、実際の状況や困りごとをより近くで知ることで、どういうことが起きているか、どうしたら働きやすくなるかなどを考えやすくなります。

もともと、厚生労働省には特に、そういう現場での仕事が好きな人というのが一定程度いるように思います。例えば「出向（地方勤務）」といわれたら県庁ではなくて市町村の役所勤務を希望するという人が多いという具合です。

例えば、二〇〇三年に障害者福祉サービスの供給の仕組みを整え、また、就労を支援して、地域での自立したくらしを支援するための「障害者自立支援法」を作ったときも、その準備段階で「昼休みに勉強会をするから、参加したい人は誰でも参加していいですよ」と言われたら、その分野にまったく関係ない人たちも集まって、ひと部屋が埋まったことがありました。

また、「土曜日にここに見学に行けます」となったら、一番上は官房長ぐらいの役職の高い人から係員まで、何人もが毎週のように現場に見学に行っていましたから、厚生労働省には現場が好きだという人が、一定程度いるのだと思います。

わたしが障害者雇用対策課長だった一九九七年に、社会福祉法人プロップ・ステーションの理事長である竹中ナミさんのシンポジウムに神戸まで行ったことがあります。その講演の中で須藤修先生（現在は中央大学教授）が話してくださった話がとても印象に残っています。それはこういう話です。

○（ゼロ）を一（イチ）にするのはＮＰＯの仕事。現場で問題があることを発見したけれど、その問題を解決する制度は、現状では何もない。だから自分たちで、こうやって手助けしようといってゼロをイチにするのがＮＰＯの仕事だという意味です。そして、一を十にするのは学者の仕事。そこで始まった支援の必要性、有効性について理論武装するのが学者の仕事。さらに、十を五十にするのは企業の仕事。要するに、採算が合うなら、企業がそのサービスを提供できる。

そしてもっと広く大きく、五十を百にするのが行政の仕事。採算が合わなくても、本当に必要なものなら、制度として誰もが受けられるサービスにする。これは行政にしかできない。

この話がすごく印象に残っています。

結局、その○（ゼロ）を一（イチ）にするところがなかったら、百には到達しない。そのスタートのところは現場にあるわけです。例えば、グループホーム[11]というものは、最初は制度にはありませんでした。どちらかと言えば「違法なサービス」からスタートしたものですが、このグループホームのように、現場で生まれて、それまでは制度になっていなかったものを制度にしていくという形が、この十年、二十年の福祉の世界の流れだったような気がします。
だからまずは、〇（ゼロ）を一（イチ）にする現場に行かないと新しいものはみつからない。そういう風にわたし自身が思えたことが、現場を大事にしている一つの理由だと思います。

公務員は一流でなくていい

わたしが現場を大事にしている、もう一つの理由に、ある先輩が言ってくれた言葉があります。「公務員は一流でなくていい」という言葉です。「自分が一流でなくても、一流の人を呼んできて頼ればいい。だから自分は二流でもいいのだ」と。

わたしたち国家公務員は二年、あるいは三年ほどの短い期間ごとに、配属先も役職も変わっていきます。そうなると、その短い二年や三年では、担当の分野で一流にはなれません。

では、どうするかというと新しい分野を担当することになったら、すぐにその分野や、そこでの課題について、長年かけて取り組んでいる専門家に会いにいけばいいわけです。そしてその専門家たちから、状況や解決策を教えてもらいます。

数年おきに人事異動があって、次から次へと、まったく違う新しい分野の仕事にチャレンジしていく中では、自分ができない部分、知らない部分があるのは当然ですから、そこで「現場をよく知る専門家」に尋ねたり、任せたりすることが大事だということを覚えました。

逆に、「法律を作る」「制度を作る」というのは、役所の仕事ですから、そのノウハウは自分で蓄積していきます。現場の専門家の皆さんに教えてもらったことに基づいて、法律や制度を作っていくのがわたしたち、公務員の役割というわけです。

こうしたことを強く実感したのは、一九九七年に、わたしが障害者雇用対策課長になった時でした。当時、日本アイ・ビー・エムの人事部に長く勤務し、日本経営者団体連盟（日経連）に出向しておられた西嶋美那子さんが「大事な人たちに会わせてあげる」といって人を集めてくれました。そのとき、すでに彼女は障害者雇用の企業側のオピニオンリーダー的な存在でした。その彼女が集めてくれた人たちの中には、企業で障害者雇用を長年担当している人や、ハローワークの名物専門官のような人もいて、彼女のおかげで、早い段階でそうした専門家の人たちに会うことができたのでした。普通だったら、そんなにすぐに障害の専門家に会う機会は得られなかったでしょう。

でも、それが西嶋さんの「会わせてあげる」という一言で実現した。そのとき、長年その分野の課題に取り組んできた専門家の皆さんの中にこそ、大事なことが蓄積されているのだと、教えてもらいました。

〈用語解説〉

(11) **グループホーム**　高齢者や障害者など、一人で生活していくことが難しい人たちが、専門スタッフ等の援助を受けながら、一般住宅において小人数で生活する社会的介護、社会的養護の形態をいいます。障害者総合支援法では共同生活援助事業所のことをグループホームと呼んでいます。

もう一つ、エピソードがあります。男女雇用機会均等法[12]が制定された一九八五年当時、翌年の施行に向けて、何をしたらいいかわからない企業側が大騒ぎになり、とにかく女性を人事課長にしてしまう企業や、プロジェクトチームを作って女性社員をリーダーに据えるという企業が、一気に増えました。でも、突然、課長やリーダーにされた女性社員たちは大変です。

そんな時に、やはり西嶋さんがリーダー役となって、そうした女性たちに声をかけて勉強会を作りました。その勉強会が始まった時に「村木さんは役人だけれど参加してもいいわよ」と西嶋さんが声をかけてくれて「行きます!」と、わたしも勉強会メンバーに入りました。

大手電気メーカーなど、日本を代表する大企業各社の人事担当者の女性が集まっていた勉強会への参加は、多くのことを学ぶ機会になりました。

そんな風に、いろいろな人に会わせてもらって、「必要なものや、大事なこと、考えなければいけないことは現場にある。新しいことは現場で生まれる」ということを、納得がいく形で皆さんから教えてもらった。だからこそ、現場が楽しいし、行けば元気が出ます。

こうしてほしい、ああしてほしいという要望も多いけれど、励ましてもらうことも、誉めてもらうこともあり。わたしは現場の皆さんに元気をもらいに行っていたのだと思います。

異なるもの同士の混ざりあい

二〇〇〇年から二〇〇二年前後は、障害者を支援する「ジョブコーチ」を育成して職場に配置する制度が作られる一方で、障害者の就業と生活の両面を支援する「障害者就業・生活支援センター」が設けられました。

そして、さらにまた、ハローワークで紹介された求職者を、企業が試用期間を定めて雇用する「トライアル雇用」が始まるなど、雇用をめぐる制度が次々と誕生した時期でした。

これらの新しい制度誕生の背景には、二〇〇一年に厚生省と労働省の統合があり、それぞれの専門性を持つ双方の調査官が一緒に動きはじめていたということがあります。新たに作られた「障害者就業・生活支援センター」も、障害者の雇用と福祉という異なる分野が一つになったものです。新しいことが始まる時というのは、異なるもの同士が混ざりあい、それまでとは別の、新たな空気が吹き込まれる瞬間があるのだろうと思います。

わたしは現在、「農業と福祉の連携（農福連携）」と「居住支援」という二つの仕事に関わっています。近年、高齢化と人口減少によって農業の担い手が減少し、農地が荒廃するなどの課題を抱えている一方で、障害者福祉においては障害者等の就労先が十分ではなく、就労可能な障害者のうち、実際に就労しているのは半分以下にとどまっています。

〈用語解説〉

（12）**男女雇用機会均等法**　雇用における募集・採用、配置・昇進、教育訓練、一定範囲の福利厚生、定年・退職・解雇について、性別を理由とする差別を禁止する法律。一九八五年制定、翌一九八六年に施行された。その後、セクハラ防止対策の義務化など数次の改正が行われている。

図 5-1　「農」と福祉の連携（＝農福連携）

【農業・農村の課題】

・農業労働力の確保
　※毎年、新規就農社の２倍の農業従事者が減少
・荒廃農地の解消　等
　※佐賀県と同程度の面積が荒廃農地となっている

【福祉（障害者等）の課題】

・障害者等の就労先の確保
　※障害者約964万人のうち雇用施策対象となるのは約377万人、うち雇用（就労）しているのは約94万人
・工賃の引上げ　等

障害者等が持てる能力を発揮し、それぞれの特性を活かした農業生産活動に参画

↓

【農業・農村のメリット】

・農業労働力の確保
・農地の維持・拡大
・荒廃農地の防止
・地域コミュニティの維持　等

【福祉（障害者等）のメリット】

・障害者等の雇用の場の確保
・賃金（工賃）向上
・生きがい、リハビリ
・一般就労のための訓練　等

出典：農林水産省、農福連携に関する公開資料 https://www.maff.go.jp/j/nousin/kouryu/kourei.html.

「農業と福祉の連携」は、障害者が農業分野で働く機会を得ることで、双方の問題解決と利益につながる取り組みとして推進されている活動です。これは農林水産省と厚生労働省の二つの省が取り組んでいます（図５－１）。

　もう一つ、わたしが取り組んでいる「居住支援」は一人暮らしの高齢者や低所得者などのように、住宅を借りることが難しい人たちのために、民間住宅を活用して住まいを確保しようという取り組みです。こちらは国土交通省と厚生労働省が関わっています。

　この二つの活動について考えると、やはり「異なるもの同士が出合うと

ころにエネルギーが生まれやすい」ことに気づきます。「変化のきっかけは新しい人、新しい考え方を迎えることになる」とも言えるのかもしれません。

逆に言えば、ずっと同じ分野、同じ人たち、同じ方向性だけで物事が進んでいると、変化の必要性を感じることなく、「あうん」の呼吸でわかり合えて、何も新しいことは生まれない。そこから次のステージには行きにくく、やがて硬直化というリスクにつながりやすいのではないか。だから実は、変化や危機が訪れるということは、ある意味ではとても大事なことなのかもしれません。

風土は風の人と土の人がつくる

次に一つ、事例をご紹介しましょう。

鹿児島県の薩摩川内《せんだい》市の西の沖合い、東シナ海に甑島《こしきしま》列島という三つの島があります（図5－2）。八千年前の白亜紀の地層が残る島として知られ、また、二〇二〇年八月には千五百三十三メートルの甑大橋が開通して三つの島が道路でつながりました。

以前、薩摩川内市に男女共同参画のテーマで講演に伺いました。地元の女性たちは、最初は男女共同参画について勉強し、それに基づいて行政に要望書を出したりしていたそうですが、やがて、行政への要望もいいけれど、「自分たちでやれることはやろう、そうだ、ＷＥ ＤＯだ」と、行動を開始したのだそうです。市役所の方が「この「ＷＥ ＤＯ」はどの分野でも大事、そして

図 5-2　甑島の位置

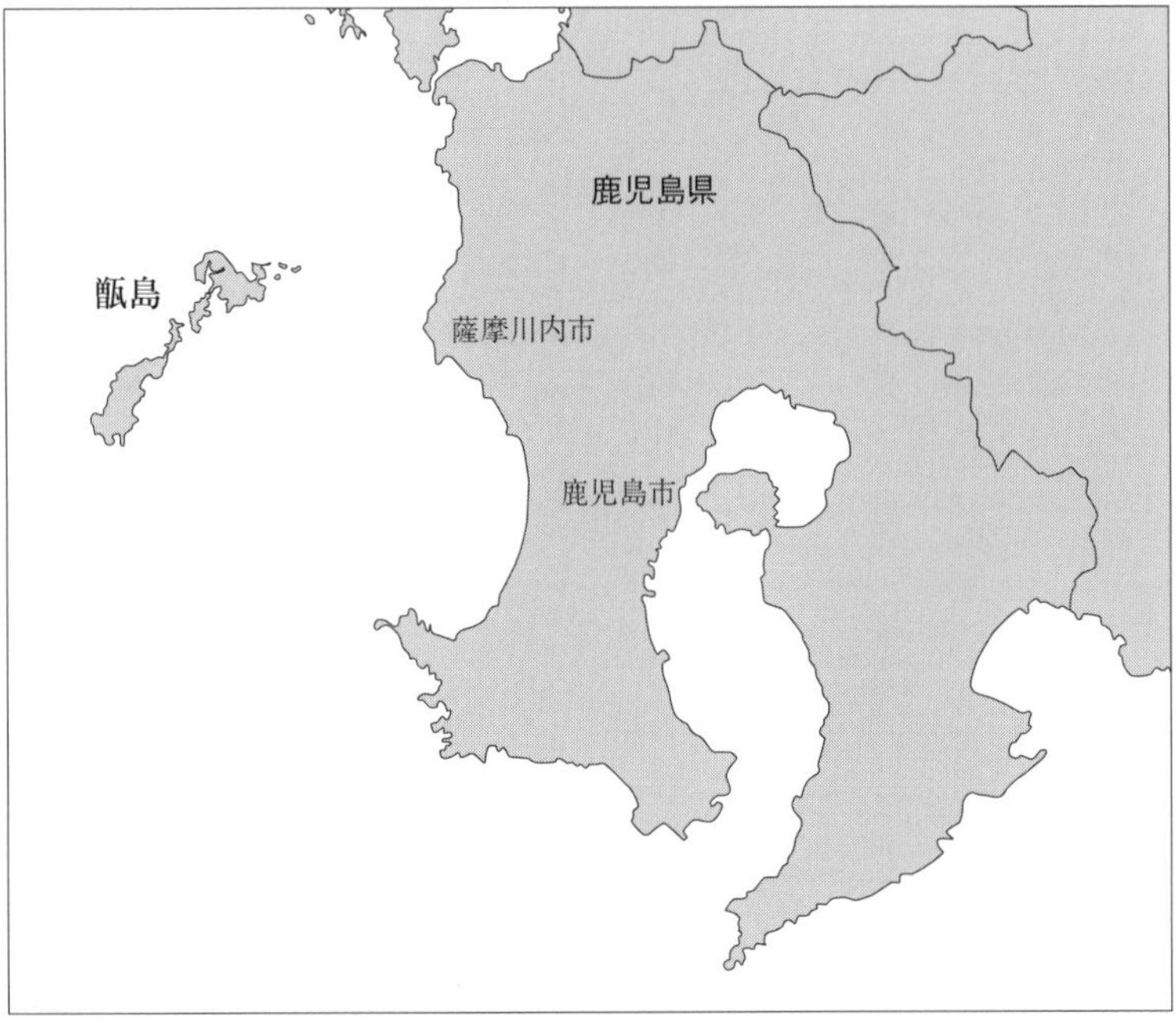

出典：国土地理院地図より作成。

それを最も実践できているのが甑島だ」と教えてくださいました。ぜひ行ってみましょうと言われ、講演終了後、そのまま船に乗って、この甑島に行きました。

甑島は三島あわせて人口五千人ほど。小中学校はありますが、島内に高校はありません。島の皆さんといろいろな話をして、「地域をどう作るか」についてたくさんのヒントをもらうことになりました。

甑島の皆さんと話をする機会をいただき、集まってくださった人たちの中で、中心になっている何人かは、島外から甑島に嫁いでこられた女性たちでした。

よく、地域活性化には「若者、バカ者、よそ者」の力が必要だと言われています。若者は強力なエネルギーを持ち、バカ者は既成概念を壊す力がある。よそ者は異なった視点で物事を見ることができる。過去の成功体験に頼らず、変わっていくために、この三つの力が必要だという考え方です。

甑島で、島の外から嫁いでこられた女性たちが活躍されていると聞き、わたしは生半可な考えで「やっぱり、よく言われていたように『若者、バカ者、よそ者』が島の活性化につながっているのですか?」と尋ねました。すると「鹿児島には別の言葉があるんですよ」という答えが返ってきました。

それが「風土は〝風の人〟と〝土の人〟が作る」という言葉でした。すぐに「風土」という言葉が「風」と「土」という二つの文字でできていることに気づきました。

そして、「風」は外から来た新しい人、「土」はその地域に根付いて長く一生懸命やってきた人たちを表すとのことで、その二つが一緒になって、その土地の新しい風土を作っていくのだと、島の人が話してくれました。その言葉に、わたしは「なるほど!」と深く納得しました。

甑島の人口はわずか五千人で、島には高校もありませんが、乳児保育や学童保育の施設はあります。しかも、それはまだ、できたばかりとのこと。

わたしは「乳児保育や学童保育の施設を、どうやって作ったのですか?」と尋ねました。すると、三十代の女性美容師さんが、三人目の子どもが生まれる時に「この子が生まれた後も、美容師を続けたい」と考え、どうにかして子どもを預かってくれる施設を作れないだろうか、と考えたそうです。それで、彼女はどうしたか。その答えがとても印象に残っています。

まず、「こういうのがあったらいいなあと、声に出して、つぶやいてみた」と言うのです。するとそれを聞いた周りのおじさん、おばさん、お爺さん、お婆さんたちが、「たしか、そういう施設を作るための、なにか制度があったような……」「そういう相談を受ける窓口の部署が、たしか市役所にあったはず」という話を伝えてくれたそうです。

そして、あるお婆さんが「まあ、とにかくアンタ、仲間を集めなさい」と言ったそうです。

それで、子育て中の同じような状況にある島の人たちが集まって、いろいろな人から情報を集めて、どうも、市役所にそういう担当部署があるとわかり、島から本土に渡って市役所に行き、うまく担当の人に会えて話をしたそうです。

そして「とにかく島に見にきてくれ」と言って、その市役所の担当者を島まで引っ張ってきて現場の状況を見てもらった。「それで、意外に話が早く進んだ」と言います。

最後に、彼女に一番のコツは何だったと思いますか、と尋ねたところ、「声に出して、つぶやいてみる」「たくさんの人から情報を集める」「仲間を集める」「役所にしっかりアプローチしてみる」「現場を見てもらう」。そして、最後に彼女が言ったのが「絶対に成功すると思って取り組んだ」と言うのです。これには、しびれました。

ああ、これが、何か新しいことを始める時のコツなのだ、と思いました。これはいろんなことに当てはまりそうな気がしませんか？　わたしはとても納得しました。

その後、集まってもらった年配の人たちや、いろいろな人に「こういう風土はなぜ、どうやって生まれたのですか？」と尋ねてみました。

「小さい島なので『自分たちが取り組んだ結果が自分に返ってきて、見える』。それから『各世代にそれぞれ、よいリーダーがいたこと。各世代にリーダーがいたから、その背中を見ながら自分たちは学ぶことができた』。この二つがやっぱり大きかった」という答えが返ってきました。これもとても、参考になりました。

島の人たちは人数が少ないので、お互いがお互いのことをよく知っています。そして、それぞれに役割がある。島の人たちはあまり意識していないようでしたが、皆がそれぞれ、役割を持つということも、とても大事なことなのだと思いました。

そして、島の女性たちはファーストネームで呼び合っています。

「トモちゃん」「かっちゃん」、ナントカちゃんと呼びあう。でも男性たちは違います。

社長に組長に理事長……（笑）。ああ、これはそれぞれが役割を持っているという象徴なのだと思いました。

上手に工夫がされていて、皆がとてもアクティブで、いい顔をされていたのが印象に残っています。そして、気づいたのは島の中で一番そういうことを感じたのが、本土との入口の場所だったということです。やはり、向こう側とこちら側の異なるものが交じり合う場所で、加えて島のよさや結果が自分に返ってくるという両方を持っている。とても面白いと思いました。

そう言えば、江戸の幕末の大きな変革を生み出した薩摩・長州も、国の外に向けて開かれた場所でした。外からの刺激があり、まさに風の人（外から来た人）と、土の人（中にいる人）が、その土地の風土を作っていくということだったのかもしれません。

わたしは現在、ＮＰＯ活動をして、「農業と福祉」「高齢者や障害者、低所得者などへの居住支援」「再犯防止」など、違う役所同士をつなぐということが、自分の役割になっていると考えて、そういうことに取り組んでいきたいと思っています。

そして、新しいことをちょっとずつ。自分が面白いと思うことに出会うと楽しいものですし、楽しいことが多いといいなと思っています。

あとがき

この本は、二〇一九年十月二十日に開催された大妻女子大学共生社会文化研究所の設立記念セミナー、村木厚子顧問の記念講演、「働くことを通して考える共生社会——誰もが生き生きと働ける社会を目指して」の内容を中心にまとめたものです。

村木厚子さんは、厚生労働省での三十数年間の勤務を経て、女性としては歴代二人目の事務次官を務めた方です。厚生労働省在任中は、福祉と労働の両分野で障害者施策に取り組み、女性が働きやすい社会環境の整備等にも尽力されました。また、厚生労働省退官後には、生きづらさを抱える少女や若い女性の支援等にも取り組んでおられます。

記念講演では、人との出会い、企業の取り組み、法律制定のプロセスなどさまざまなエピソードを通して、「共生社会」を考える上での具体的なヒントを与えて下さいました。それらの話は、トップ官僚の華々しい成功談というよりも、戸惑いながらも努力と工夫を重ねてきた働く女性の地道な経験談であり、男女を問わず、会場の聴衆の胸にストンと落ちるものでした。

そこで、大妻女子大学の学生をはじめ、これから社会に出ていく若い女性に、もっと村木さんの話を聞いてほしいと考え、後日、村木厚子さんにインタビューを行い、これから活躍する若い女性に伝えたいこと、応援メッセージを付け加えました。

また、読者が読みやすいようにさらに、福祉の専門用語や社会的事象について解説を付け加えています。

二〇一九年にスタートした共生社会文化研究所の設立記念セミナー、記念講演の内容をこのような形で残すことができ、大変嬉しく思います。本書の発刊にあたって村木厚子さんには、講演、インタビュー、執筆など、多大なお時間と労力を注いでいただき、感謝の言葉がありません。また、福井弘枝さんには、本書の作成にあたって多大なご協力をいただきました。心より御礼申し上げます。本書が共生社会の実現を担う人々にヒントと勇気を与えられることを願っております。

二〇二一年八月

大妻女子大学共生社会文化研究所所長　小川　浩

著者紹介

村木厚子（むらき　あつこ）

1955年、高知県生まれ。1978年に労働省（現、厚生労働省）入省。労働と福祉の領域で障害者施策や女性が働きやすい社会環境の整備などに携わり、女性として歴代二人目の事務次官として厚生労働事務次官を務める。退官後、生きづらさを抱える少女や若い女性の支援、罪に問われた障害者の支援などに取り組む。現在、大妻学院理事、大妻女子大学共生社会文化研究所顧問、津田塾女子大学客員教授、複数の企業の取締役等を兼務。

〈大妻ブックレット 5〉
働くことを通して考える共生社会
2021年8月25日　第1刷発行
定価（本体1300円＋税）
著　者　村　木　厚　子
発行者　柿　﨑　　均
発行所　株式会社 日本経済評論社
〒101-0062 東京都千代田区神田駿河台 1-7-7
電話 03-5577-7286　FAX 03-5577-2803
URL　http://www.nikkeihyo.co.jp
編集協力：福井弘枝／表紙デザイン：中村文香／装幀：徳宮峻
印刷：文昇堂／製本：根本製本
落丁本・乱丁本はお取り換え致します　Printed in Japan

ISBN978-4-8188-2594-9 C1036

大妻ブックレット

①	女子学生にすすめる60冊	大妻ブックレット出版委員会編	1300円
②	英国ファンタジーの風景	安藤 聡著	1300円
③	カウンセラーになる 心理専門職の世界	尾久裕紀・福島哲夫編著	1400円
④	AIのキホン 人工知能のしくみと活用	市村 哲著	1300円
⑤	働くことを通して考える共生社会	村木厚子著	1300円

表示価格は本体価（税別）です。

日本経済評論社